KB266523

3040 부린이 처음 부동산 투자

입지와 정책을 읽는 눈

3040 부린이

처음

부동산 투자

김학렬(빠숑) in 스마트튜브 지음

포르체

목차

3장. 재편되는 시장, 돈의 방향은 바뀐다

4장. 부동산 트렌드 따라가기

5장. 내 집 마련의 현실 전략

6장. 투자 포트폴리오와 실패 회피 오답 노트

프롤로그
대박 입지를 묻는 초보자가 알아야할 것

한동안 3040 세대에게 부동산은 먼 이야기처럼 여겨졌다. 재테크의 필요성은 느끼지만 집값은 막연하게 너무 비싸고, 대출부터 정책까지 공부해야 할 내용도 많아 보여서, 지금 접근하기에는 너무 높은 벽이라고 생각한 것이다. 하지만 최근에는 무리해서라도 집을 사려는 젊은 세대가 많아지고 있다. 높아지는 집값에 더 기다리다가는 정말 내 집 마련을 하지 못할 것이라는 위기감, 불안한 고용과 주거 환경 속에서 일하지 않아도 월세를 받을 수 있는 건물을 갖고 싶다는 재테크의 꿈이 맞물리며 나타나는 현상이다.

다만 부동산 시장은 막연한 두려움에 쫓기거나 허황된 꿈을 좇는 것이 아니라, 냉정한 분석과 착실한 전략으로 접근하는 것이 중요하다. 부동산 공부를 처음 시작할 때 사람들의 반응은 대부분 비슷하다. 책이나 강의, 상담을 접하기는 하지만 결국 "그래서 돈을 얼마나 벌었을까?"를 궁금해하고, 전문가의 시선에서 대박 입지가 어디인지 묻는다. 주식 투자에서 종목을 콕 짚어 추천해 주길 바라는 마음과 다르지 않다. 하지만 입지 하나만 잘 추천받는다고 해서 부동산 투자에 성공할 수 있을까?

대부분은 부동산 전문가가 되고 싶은 것이 아니다. 본업을 따로 하면서 부동산으로 우연히 '대박'을 내고 싶은 마음이 크다. 실제로 현재 보유하고 있는 부동산의 매입 시기에 '대박'을 기대하고 들어간 경우는 거의 없다. 그저 자기가 잘 아는 지역에 부동산을 보유하고 싶었거나, 노후에 요긴하게 쓸 수 있지 않을까 기대하는 마음으로 집을 마련해 두는 경우가 대부분이다.

사실 '대박 입지'라는 건 15년 이상 부동산 입지 분석을 해 온 전문가로서도 정확히 꼽을 수 없다. 다른 부동산 전문가들도 마찬가지일 것이다. 추세를 바탕으로 앞으로의 가능성을 전망하는 것뿐이지, 어느 지역이 대박 입지이니 무조건 투자하라고 단언할 수는 없다. 같은 입지라고 해도 부동산의 가치는 다를 뿐 아니라 정책의 변화나 어떤 필요에 따라 접근했느냐에 따라서도 결과는 달라지기 때문이다. 만약 '여기는 대박 지역이니 무조건 사야 한다'며 문지마 투자를 권유하는 부동산 전문가가 있다면 오히려 경계해야 한다.

그렇다면 어떻게 부동산에 접근해야 할까?

우선 막연한 '대박 욕심'은 내려놓아야 한다. 부동산은 한 번의 선택으로 인생이 바뀌는 수준의 도박이 아니라, 작은 수익을 쌓고 또 쌓으며 자산을 키워 가는 착실한 재테크에 가깝다.

또한 부동산 시장에 영향을 주는 환경은 유동적으로 바뀔 수 있다. 금리가 오를 때도 있고 내릴 때도 있으며, 정책이나 규제도 계속해서 방향이 달라진다. 금리 이슈와 정책 규제와 완화가 반복되는 것도 과거부터 오랫동안 이어져 온 현상이다. 따라서 부동산 시장에 늘 정책 리스크가 존재한다는 사실을 이해하고, 이를 어떻게 활용할 것인가의 방법을 찾아내는 것이 중요하다. 정책과 시장의 변화 속에서 유연하게 적응하며 이 시기를 나에게 유리한 구간으로 바꿀 수 있는지 살펴야 한다.

즉 우리가 할 수 있는 일은 시장의 변화를 냉정하게 이해하고 대응하는 것이다. 지금은 수많은 정보에 쉽게 접근할 수 있는 시대인 만큼, 관심을 가지고 시장을 들여다보는 노력 자체가 경쟁력이 될 수 있다. 지금 당장 무리해서 감당할 수 없는 대출까지 동원해 '영 끌'을 하라는 뜻이 아니다. 준비된 자가 기회에 올라탈 수 있다는 이야기다.

단 한 번의 '대박'이 아니라 금리 이상의 수익을 낸다는 목표를 두고 움직인다면, 적당한 부동산 투자는 훌륭한 인플레이션 헤지 (Inflation hedge) 수단이 될 것이다. 더구나 실거주자라면 무엇보다 자신이 걱정 없이 살 보금자리를 만든다는 차원에서 접근하면 실 패할 일이 없다. 투자자라면 향후에도 팔 수 있는 상품에 집중하는 것이 기본이다. 내가 싫어서 파는 상품은 다른 사람도 사지 않는 게 당연한 이치다.

결국 핵심은 대박 입지를 맞추는 것이 아니라 내가 이해하고, 내 가 사고 싶고, 나 이후에도 누군가 사고 싶어 할 상품을 고르는 일 이다. 그래서 이 책은 '대박 입지'를 찍어 주는 안내서는 아니다. 대 신 변동성 높은 시장 한가운데서도 흔들리지 않는 나만의 판단 기 준을 세우고, 리스크를 낮추며, 장기적으로 단단하게 살아남는 재 테크의 표지판이 되어 주고자 한다.

2026년 4월
김학렬

1장.

부동산 시장은 되풀이된다

01.
집값을 결정하는 변수는 따로 있다

부동산 시장을 이야기할 때 흔히 먼저 등장하는 단어가 바로 '금리'다. 실제로 금리와 부동산 가격은 전통적으로 반비례 관계를 보인다. 금리가 내려가면 대출 이자가 줄어들면서 집을 사려는 사람들이 늘어나 집값이 오르고, 반대로 금리가 올라가면 대출 부담이 커지면서 집을 사려는 사람들이 줄어들며 집값이 내려간다. 하지만 이러한 현상은 다른 변수들이 동일할 때만 상대적으로 성립되는 것일 뿐, 집값을 결정하는 변수는 아니다.

그래서 부동산 시장을 이해할 때 먼저 알아 두어야 할 점은, 현실의 집값은 금리만으로 결정되지 않는다는 점이다. 주택의 공급, 사람들의 소득, 정책과 대출 규제, 인구 구조의 변화까지 다양한 요인들이 복잡하게 작용하여 집값을 움직이게 된다. 즉 장기적으로 집값의 수준을 결정하는 주된 요인은 바로 '수급'이다.

금리와 집값은 늘 반대로 움직일까?

국토연구원의 분석을 살펴보면 집값에 영향을 미치는 요인을 보다 구체적으로 들여다볼 수 있다. 2019년 7월 이후, 집값 상승에 영향을 미친 요인 중에는 금리가 약 40%로 가장 높았다. 또한 공급 부족 요인과 1인 가구의 증가에 따른 수요 증가 요인은 금리에 비해 상대적으로 영향력이 낮게 나타났다. 그러나 이는 당시 저금리 기조로 급격히 경제가 전환되면서 나타난 단기적인 현상이다. 금리가 무조건직으로 집값을 좌우하는 깃이 아니다. 지금리로 급격히 전환되면서 단기적으로 금리가 부동산에 미치는 영향이 커졌다고 해석해야 한다.

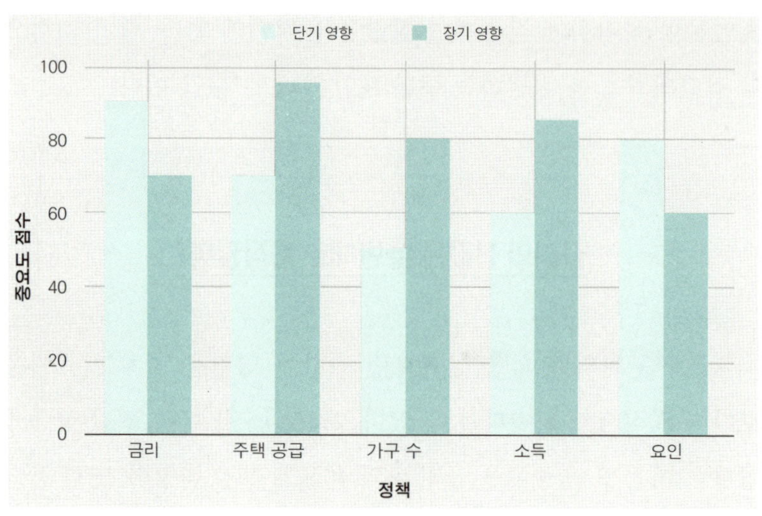

주택 가격 영향 요인 중요도

　실제로 미국의 부동산 상황을 비교해 보면 한국과는 완전히 다르다는 사실을 알 수 있다. 금리 외의 다른 조건들에서 차이가 나기 때문에 금리가 동일하게 움직여도 시장에서는 다른 결과가 도출되는 것이다.

　일단 서울의 RIP(소득 대비 주택 가격 비율) 지수는 10.6으로, 미국의 5.0보다 두 배 이상 높다(2025년 3분기 기준). 즉 미국은 평균 소득자가 5년 정도 돈을 모으면 중간 수준의 주택을 살 수 있지만, 서울에서는 같은 조건에서 10년 이상이 필요하다는 뜻이다. 소득 대비 집값이 매우 비싼 상황이기 때문에 금리가 조금만 올라도 부담이 커져 '집을 살 수 있는 사람'이 줄어들 수밖에 없다.

금리 측면에서도 차이가 명확하다. 금리 자체는 미국이 더 높다. 한국의 주택담보대출(이하 '주담대') 평균 금리가 4~5%인 반면 미국은 6.625~6.8% 수준이다. 그래서 미국은 고금리로 인해 거래가 얼어붙는 상황을 막기 위해서 금리 인하를 추진하고 있다. 주택 가격에 대한 부담 수준이 다를 뿐만 아니라, 정책 방향도 정반대다. 한국은 6억 원 주담대 한도 제한 등으로 수요 억제책을 강화하는 반면, 미국은 건설 규제 완화와 금리 인하를 통한 공급 확대책을 추진한다.

핵심 변수는 '공급 부족'의 심각성

그렇다면 현재 한국 부동산 시장에 영향을 미치는 가장 핵심적인 요소는 뭘까? 단기적인 영향을 주는 금리보다는, 오히려 '공급 부족'의 구조적 심각성이다. 한국의 주택 공급 상황을 살펴보면, 2025년 전국 아파트 입주 물량은 26.3만 가구로 전년 대비 27.6% 감소했다. 민간 아파트 분양 물량도 14.6만 가구로 25년 만에 최저치를 기록하고 있다.

서울 상황은 더욱 심각하다. 서울 내 아파트 착공 실적이 2023년과 2024년 연속으로 2만 채 수준에 그치면서, 2022년 이전에 연간 4만 채 수준이었던 것의 절반까지 급감했다. 2026년 서울 아파트 입주 물량도 2.4만 채로 4.7만 채였던 2025년의 절반 수준이다. 이러한 공급 부족은 2022년부터 시작된 분양 감소의 결과로, 연평균 분양 물량이 30만 호 이하로 감소하면서 과거 10년 평균인 34.1만 호를 하회하고 있다.

주택 공급은 착공부터 입주까지 수년의 시간이 걸리기 때문에, 착공 실적의 감소는 결국 2026년 이후의 공급 부족으로 이어질 수밖에 없다. 이러한 공급의 공백은 금리 정책만으로 되돌릴 수 없는 문제다. 현재 한국의 주담대 금리는 4~5%로 이미 역사적으로도 상당히 낮은 수준이며, 추가 인하의 여력은 제한적이다. 한국은행에서도 금리를 빠르게 내릴 경우, 부동산 가격이 올라가고 가계부채가 늘어나는 부작용을 우려하고 있다.

그래서 지금 주목해야 하는 것은 공급이 막힌 시장에서의 수급 구조다. 현대경제연구원은 "주택 공급 부족과 가계 대출 규제 약화 등으로 집값이 상승할 것"이라며, "6·27 규제와 같은 수요 억제 정책의 효과는 지속성이 짧다"고 분석했다. 결국 장기적으로 집값의 안정을 도모하려면 공급 확대를 통한 수급의 균형을 달성하지 않고는 불가능하다. 실제로 2020년부터 2022년까지 15억 원을 초과한 아파트에 대출 제한을 적용했지만 주택 가격은 오히려 상승한 사례가 있었다.

지표	한국 상황	미국 상황
2025년 입주 물량	26.3만 가구 (-27.6%)	380만 채 부족
2025년 분양 물량	14.6만 가구 (25년 최저)	규제로 건설 어려움
서울 착공 실적	2만 채 (절반 수준)	환경 규제 등의 장벽

현 상황에서 금리보다 중요한 '수급'

미국과 한국의 상황은 표면적으로 비슷하지만, 정책의 우선순위에서는 완전히 반대 방향을 향한다. 미국은 6.8% 수준의 높은 금리를 낮춰 거래를 활성화하고, 과거 낮은 금리에 묶여 있던 사람들의 '갈아타기 매물'을 늘리는 전략을 채택한다.

반면 한국은 상대적으로 금리는 낮은 수준이지만 서울과 핵심 지역의 착공 실적 감소가 중장기적인 공급 부족을 불러올 것으로 보인다. 주택 공급 부족은 구조적이고 지속적인 문제로, 장기적인 집값 안정을 위해서는 공급 자체의 확대가 가장 필수적인 과제다.

특히 2025년 하반기 이후 입주 물량이 대폭 감소할 예정인 상황에서 실효성 있는 주택 공급 대책 없이 금리 정책만으로는 집값 안정을 달성하기 어려울 것이다.

결국 단기적으로 수요와 거래량을 흔드는 요인은 금리지만, 5년 이상의 장기적인 미래를 봤을 때 집값의 수준을 결정하는 것은 수급(공급제한·인구·가구·일자리 분포)이다. 서울 및 핵심 지역처럼 공급이 잘 늘어나지 않는 곳에서는 더더욱 수급이 근본적인 변수이며, 금리는 사이클을 키우거나 누그러뜨리는 가속 페달에 가까운 역할을 한다.

따라서 시장을 읽는 방식도 달라져야 한다. 금리뿐 아니라 어디에서 공급이 줄고 있으며, 어떤 지역에 실수요가 쌓이고 있는지 알아야 시장을 제대로 이해할 수 있다. 집값을 움직이는 진짜 변수는 당장 보이는 숫자 뒤에 숨은 수급 구조다.

02.
현실은 다르다! 금리 공포의 함정

부동산 시장을 이야기할 때 늘 언급되는 키워드 중 하나는 '금리 인상'이다. 미국에서 금리를 올리면 한국도 필연적으로 금리를 올릴 수밖에 없는데, 이런 상황이 대출 이자의 부담으로 이어져 부동산 시장에 급매물이 쏟아질 것이라는 전망도 이어진다. 그러나 실제로 소비자들이 금리 인상 때문에 부동산을 매수하거나 매도하기를 포기할까? 금리 인상이 막연한 공포만 조성하고 있는지, 아니면 실제로 시장 심리에 영향을 미치고 있는지 냉정하게 파악해 볼 필요가 있다.

금리 인상을 지나치게 두려워할 필요는 없다

금리가 오르면 대출 부담이 커지는 것은 사실이지만, 부동산을 매수하지 않겠다고 말하는 사람들의 이유는 대체로 비슷하다. 집값이 너무 비싸서, 원하는 지역에 매물이 없어서, 혹은 대출이 잘 나오지 않아서 등이다. 결국 부동산을 매수하고자 하는 마음에는 금리 이외의 다른 요인이 관여한다는 뜻이다.

부동산을 매수하려고 마음을 먹고도 '금리가 인상되면 급매물이 나올 것'이라는 기대로 기다리는 분들이 있다. 물론 좋은 입지의 양호한 물건이 급매물로 나올 수도 있지만, 과연 그런 물건이 얼마나 될까? 그마저도 '반드시 나온다'는 보장이 없다. 당장 몇백 저렴하게 매수하려고 기다리다가 결국 기회를 놓쳐 버릴 수도 있다.

실거주를 목적으로 1가구 1주택자가 되고자 하는 분들이라면 '매수할 것인가, 말 것인가' 하는 의사 결정을 바탕으로 바로 실행하는 것이 좋다. 금리 인상 등의 분위기 자체를 두려워하기보다 실질적으로 대출이 가능한지, 또 장기적으로 감당할 수 있는지만 체크하면 된다. 생활에 지장을 줄 정도로 감당할 수 없는 대출은 애초에 받아서는 안 된다.

오히려 금리 인상을 걱정해야 하는 집단은 따로 있다. 기업체를 운영하는 분들이나 신용 대출로 하루하루를 버티고 있는 분들이다. 생계가 달려 있기 때문에 금리가 조금만 인상되어도 상당한 타격을 받을 수 있다.

결국 정부가 금리를 인상하는 목적은 부동산 때문이라기보다 유동성 자금을 회수하려는 데 있다. 금리를 대폭 올리게 되면 부동산 담보 대출을 받은 사람보다 기업체나 대출로 살아가는 소시민들에게 치명적인 문제가 생기게 된다. 따라서 실거주자라면 시장 타이밍을 살피며 걱정하기보다는 스스로의 삶의 타이밍을 기준으로 결정하는 편이 더 합리적이다.

경매 물건이 늘어난다는 기대의 착시

부동산 담보 대출에 대한 금리 인상 때문에 경매 물건이 늘어날 것이라는 주장도 있다. 하지만 이는 막연한 기대일 뿐이다. 경매에서 일반적인 아파트 낙찰가는 시세의 90% 전후에서 형성된다. 반면 부동산 담보 대출 비율은 높아도 60% 정도다. 설령 경매에 넘어간다고 하더라도 근저당을 모두 갚고 남는 돈이 있게 되므로 보통의 경우 굳이 경매까지 갈 이유는 크지 않다.

실제로 경매나 공매로 나오는 물건을 살펴보면 금리가 올라서가 아니라, 다른 용도로 대출을 받는 등 자금 운용에서 문제가 발생한 경우가 대부분이다. 부동산 담보 대출에 대한 부담이 문제가 아니라, 그 대출을 다른 용도로 사용하면서 문제가 생긴다는 것이다. 만일 정말로 양질의 물건을 대출받아 매수했는데 대출 이자를 감당할 수 없는 경우라면 그냥 매도하면 된다. 실제로 좋은 물건이라면 매도가 안 되는 일은 거의 없다.

현 부동산 시장은 금리 인상에 대한 부담보다는 '살 만한' 괜찮은 물건이 부족하다는 매물 구조 자체의 문제를 껴안고 있다. 대출이 불가능할까 봐 걱정하는 것이 아니라 선택할 만한 양호한 매물이 없다는 고민이 더 크다. 금리 인상은 어느 정도 부담이 될 수는 있지만 대세를 바꿀 만한 요인은 아니다. 어떤 물건이 시장에 나와 있는지, 그 물건이 과연 '양질의 매물'인지에 더 많은 주의를 기울이는 것이 선택의 핵심이다.

03.
왜 정책은 똑같은 실패를 반복하는가

부동산 정책은 정권마다 가장 중요하게 다루는 이슈 중 하나다. 집값을 안정시키고 서민의 주거 부담을 낮춘다는 것이 공통된 목표지만 정책이 늘 의도대로 흘러가지는 않는다.

2025년 한 조사에 따르면 서울 연립·다세대 거래량이 전 분기 대비 33% 이상 증가했다고 한다. 아파트값이 급등하며 비(非)아파트와 가격 차이가 벌어지자 대체재인 비아파트의 거래량이 늘어나는 현상이 나타난 것이다. 물론 이전 해의 거래량이 적었기 때문에 증가하는 것이 당연한 흐름이지만, 과거 서울 부동산 시장이 겪었던 실패의 패턴이 동일한 악순환에 접어드는 것은 아닌지 우려되는 측면도 있다.

정책 실패의 패턴, 반복되는 악순환

아파트 수요를 억제한다고 해서 주거 수요가 사라지는 것은 아니다. 문재인 정부 시절, 강력한 부동산 규제로 서울 아파트의 신규 공급이 위축되자 오히려 아파트 가격이 119% 폭등하면서 평균 가격이 5억 8,000만 원에서 12억 6,000만 원까지 오르는 현상이 나타났다. 규제로 막힌 아파트 수요가 비아파트로 흘러 들어가면서 전체 주거 비용을 끌어올리는 결과로 이어진 것이다.

현재의 시장도 마찬가지다. 2025년 2분기 서울 연립·다세대 거래량이 9,175건으로 전 분기 대비 33.7% 급증한 것은 결코 우연이라고 할 수 없다. 아파트 거래를 위축시키는 정책이 비아파트 시장의 급격한 변화를 만들어내고 있다.

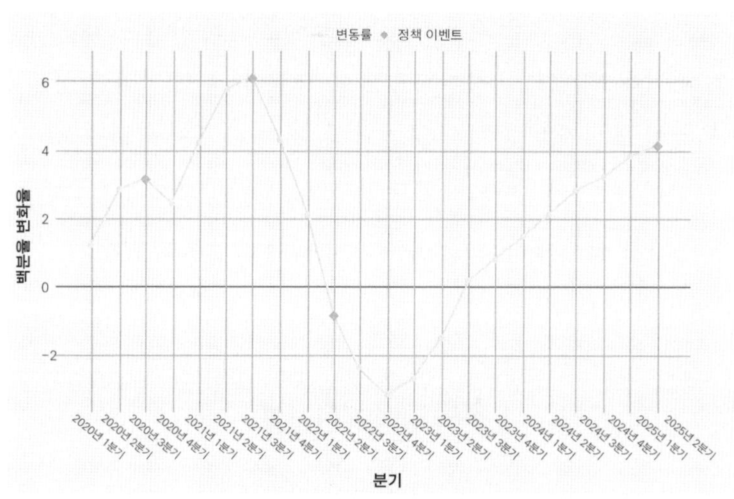

서울 아파트 분기별 가격 변동률(2020~2025년)

특히 주거 선호도가 높은 지역에서 연립·다세대 매매 시장의 폭발석 증가가 발생하고 있다. 용산구의 경우 거래량이 진 분기 149건에서 340건으로 128.2% 폭증했고, 강남구(81.1%), 동작구(82.6%) 등에서도 비아파트 거래가 급증했다. 이는 아파트값 상승으로 인한 대체재 효과가 본격화했다는 의미다.

거래 금액 역시 2분기 3조 7,010억 원으로 전 분기 대비 53.6%나 증가했다. 아파트 가격이 높아질수록 대체재인 비아파트 거래가 늘어나는 경향이 고스란히 드러난다.

전세 시장에서도 구조적 붕괴도 두드러진다. 서울 연립·다세대 전월세 거래 중 월세 비중은 57.7%에 달했다. 전세 기피 현상과 공급 부족이 복합적으로 작용한 결과다. 전세 사기의 여파로 비아파트 공급이 2022년 3만 834가구에서 2025년 상반기 7,011가구로 78% 급감한 상황에서, 남은 물량마저 월세로 전환되고 있다.

공급 절벽의 현실화

치명적인 공급 절벽이 현실화되고 있다. 서울 다세대 주택의 인허가 물량은 2022년 상반기에 3만 834가구에서 약 3년 만에 22% 수준인 7,011가구로 급감했다. 전국적으로도 비아파트 인허가 건수는 2022년 11만 6,612건에서 2023년 5만 7,579건, 2025년 6월 기준 1만 8,332건으로 급격히 감소 추세를 보였다. 건축비 상승과 고금리, 전세 사기 여파가 복합적으로 작용한 결과다.

정부는 비아파트 세제 지원이나 공공 신축 매입 정책 등 여러 대책을 내놓고 있지만, 이는 근본적인 해결책이 되기 어렵다. 문재인 정부 시절에도 32차례의 부동산 대책이 나왔지만 결국 집값만 두 배 폭등했던 전례가 반복되는 상황이다.

6·27 대출 규제로 갭 투자를 차단하고 실거주 요건을 강화했지만, 이는 오히려 전세 공급을 더욱 축소하는 결과를 낳고 있다. 전세 대출 보증 비율을 80%로 낮추고 각종 규제를 강화한 정책도 유의미한 해결책이 되지 못했다. 공급이 회복되지 않는 한 수요를 억제하는 정책만으로는 근본적인 문제를 해결할 수 없다는 사실을 인지해야 한다.

이러한 흐름이 계속된다면 향후 최악의 시나리오는 전면적인 주거난의 현실화다. 빌라 전세의 월세 전환이 가속화되면서 심지어 일부 지역에서는 고시원까지 품귀 현상이 발생하고 있다. 외국인 유학생의 증가까지 겹치며 대학가 인근 고시원마다 공실률이 5% 이하로 떨어지고, 최하위 수준의 주거 시설마저 구하기 어려운 상황에 이르렀다.

이러한 추세가 지속되면 특히 서민층과 중산층에게 파국적인 시나리오가 현실이 될 수도 있다. 고시원마저 구하기 어려워진 서민층은 결국 서울을 완전히 이탈하여 경기 외곽이나 지방으로 밀려날 수밖에 없다. 대신 아파트를 포기한 중산층이 비아파트로 이동하면서 기존의 서민 주거지를 점유하게 될 것이다. 또한 모든 주거 형태에서 동시다발적인 가격 상승이 발생하며 소득 대비 주거비 부담이 감당 불가능한 수준에 도달할 수도 있다.

결국 우리는 현재 피할 수 없는 주거 대란의 문턱에 들어선 상태다. 서울 부동산 시장은 이미 과거 정책과 동일한 악순환에 빠져 이미 되돌리기 어려운 지점을 넘어선 지역도 보인다. 아파트 거래를 막으면 비아파트로, 비아파트마저 규제하면 결국 모든 주거 비용이 동반 상승하는 필연적 메커니즘이 다시 작동하는 상황이다. 결국 모든 계층이 피해를 보게 되는 최악의 시나리오가 재현될 가능성을 염두에 두어야 한다.

정책은 우리의 보금자리를 만들어 주지 않는다. 내 집 마련이든, 갈아타기든, 임차 세대든 결국 각자의 상황에 맞는 맞춤형 대응을 바탕으로 의사 결정을 할 수밖에 없다.

04.
부동산 시장을 움직이는 다섯 가지 힘

부동산 시장을 바라볼 때 많은 사람이 흔히 하는 실수가 있다. 부동산 시장을 움직인다고 믿는 하나의 지표나 변수에 지나치게 십중하는 것이다. 하지만 부동산 시정은 스위치 하나를 켜고 끄는 것처럼 간단하게 움직이지 않는다. 서로 다른 요소가 힘겨루기를 하기도 하고, 또 시기나 상황에 따라서 특정 변수가 강한 영향을 미치기도 한다. 그중 부동산 시장을 움직이는 대표적인 다섯 가지 힘을 살펴보자.

시장의 방향을 정하는 '정부 정책'

부동산 시장을 이해하기 위한 수많은 지표가 있지만 그중에서도 중요하게 체크해야 할 핵심 변수 중 하나는 정부 정책이다. 정부 정책은 부동산 시장의 방향성을 크게 좌우한다. 세제, 대출 규제, 공공주택 공급 등의 다양한 정책이 부동산 수요와 공급에 직접적인 영향을 미친다.

예를 들어 근래에 주목해야 하는 주요 이슈로는 대출 규제와 재건축·재개발 규제 완화 가능성을 꼽을 수 있다. DSR(총부채원리금상환비율) 강화는 대출 한도를 줄여서 실수요자의 구매력을 낮추게 만든다. 반면 1기 신도시 정비 사업이나 토지거래허가 구역 해제 등은 특정 지역의 부동산 가격을 상승시키는 요인이 될 수 있다.

이 정책은 지역별로 다르게 적용된다. 그렇기 때문에 투자나 매수를 고려할 때는 해당 지역의 정책 변화 여부를 꼼꼼히 점검해야 유리하다.

구매력을 좌우하는 '금리'

금리는 대출 이자 부담을 결정하기 때문에 투자 심리와 더불어 실수요자의 구매력을 크게 좌우하는 요소다. 금리가 낮아지면 구매 여력이 커지며 집을 사려는 사람들이 많아지고, 반대로 금리가 높아지면 매달 상환해야 하는 원리금 이자가 부담스럽기 때문에 상대적으로 거래가 위축된다.

지금은 한국은행이 경기 침체를 우려하여 기준금리 인하 가능성을 열어두고 있지만, 금리 하락이 대출 규제와 맞물리며 부동산 시장의 활성화로 이어지지는 않고 있다. 미국 연준(Fed)의 금리 정책에 따라 한국과 미국의 금리 차이가 확대될 경우 환율 상승과 자본 유출 문제가 발생할 수 있기 때문이다.

또한 금리 하락 자체는 부동산 시장에 긍정적인 신호를 줄 수 있지만 이것 하나만으로 시장의 대세 상승을 보는 것은 위험하다. 대출 규제와 투자 심리 등을 종합적으로 고려하고 장기적인 부담을 면밀히 검토해 판단해야 한다.

중장기 수요를 결정하는 '인구 구조의 변화'

인구 구조의 변화는 중장기적으로 부동산 시장의 수요와 공급에 직접적인 영향을 미친다. 오늘날에는 고령화가 가속되면서 대형 아파트보다는 소형 주택이나 편의성이 높은 주거 형태의 수요가 늘어나고 있다. 또한 1인 가구의 지속적인 증가로 인해 원룸, 소형 아파트, 오피스텔 수요도 확대되는 상황이다.

다만 이러한 변화는 지역마다 차이가 나기 때문에 지역별 인구 구조의 변화를 반영한 주택 투자 전략이 필요하다. 예를 들어 고령층이 많은 지역에서는 은퇴자 맞춤형 주거 시설에, 젊은 1인 가구가 많은 지역에서는 교통이 편리한 소형 주택 수요에 대한 선호도가 높아질 것이다.

시장 가격에 직접적 영향을 미치는 '지역별 수급'

인프라 개발, 공급량, 수요의 변화는 부동산 시장 가격에 직접적으로 영향을 미치는데, 이러한 수급 상황은 지역별로 크게 다르다. 수도권은 공급 부족으로 인해 신축 아파트 가격이 여전히 강세를 보이지만 지방의 일부 지역은 인구 유출과 공급 과잉으로 인해 가격 하락이 지속되는 상황이다.

지역별 수급 차이는 곧 가격의 격차로 나타난다. 따라서 투자나 매수를 고려할 때는 지역별 수급을 면밀히 분석하고, 개발 호재가 있는 지역을 중심으로 전략적인 접근이 필요하다. 특히 GTX 노선과 같은 교통 호재는 지역 가격에 큰 영향을 미치는 요인이므로, 수급 변화의 중요한 신호로 주목해야 한다.

보이지 않는 '투자 심리'

투자 심리는 겉으로 드러나지는 않지만 매수·매도 타이밍과 가격 변화에 큰 영향을 주는 요소다. 최근에는 금리와 정책의 불확실성으로 관망세가 짙어지는 동시에 자산 가치의 하락 방어력이 높은 '똘똘한 한 채' 선호 현상이 두드러진다. 투자 심리가 위축된 가운데 안정적인 가치 상승이 기대되는 지역으로 수요가 몰리는 것이다.

투자 심리가 위축되는 시점은 매물이 쌓이는 시기이므로 장기적인 관점에서는 우량 자산을 선점할 수 있는 매수 기회가 될 수 있다. 다만 급매물 위주로 접근하며 가격이 적절한지 신중하게 판단할 필요가 있다.

지역별 소비자 심리를 살펴보면 수도권에서는 주로 강남, 용산 등 입지가 우수하고 개발 호재가 있는 안정적인 투자처로 관심이 집중되고 있다. 지방의 경우 대구·세종·부산의 주요 신도시가 실수요 선호 지역 중심으로 매우 신중히 접근이 이어지는 상황이다. 또한 1~2인 가구 증가와 함께 소형 주택이나 오피스텔 투자도 증가하는 추세다.

중요한 것은 부동산 시장에 영향을 미치는 여러 요소를 균형 있게 고려하여, 자신의 재무 상태와 목표에 맞춘 전략을 세워야 한다는 것이다. 사각지대 없이 한쪽에 치우치지 않고 다양한 지표를 고루 살펴봐야 불확실한 시장에서도 길을 잃지 않을 수 있다.

05.
위기 속에서도 오를 곳은 오른다

정권 교체나 새로운 정책이 예고되는 시기마다 소비자들은 긴장과 불안에 휩싸인다. 규제가 강화될지, 세금이나 대출 기준은 어떻게 바뀔지 예측하기 어렵기 때문이다. 불확실한 전망 탓에 소비자들은 판단을 미루거나 때로는 성급한 결정을 내리기도 한다.

그러나 부동산 시장을 좀 더 장기적인 흐름에서 바라보면, 정권이나 정책 변화에 따라 일부 영향을 받을 수는 있겠지만 부동산 가치를 결정짓는 근본적인 요소는 따로 있다는 것을 알 수 있다. 대기 수요가 충분하고, 일자리가 가까우며, 고정 수요가 견고한 입지의 부동산이라면 정권이나 정책의 기조가 달라져도 이와 관계없이 성공적인 투자가 된다.

과거 1997년 IMF 외환위기 당시 한국은 최초의 부동산 폭락기를 맞았다. 2000년대 초반 회복 국면을 맞았지만 입지가 확실한 아파트만 자산 가치가 올랐고, 2010년 금융 위기에서도 마찬가지였다. 2021년에 고점을 찍은 이후 2022년부터 3년 가까이 조정을 당한 최근의 시장에서도 반등이 이루어졌으나 서울에서도 절반 이상의 단지는 고점을 회복하지 못한 상황이다.

이는 시장의 상황이 변동되더라도 가치 있는 부동산은 떨어진들 다시 오른다는 결과를 반복된 흐름 속에서 확인할 수 있다는 뜻이다.

가치 있는 부동산을 가려내는 기준

그렇다면 가치 있는 부동산은 어떻게 구별할 수 있을까? 가장 핵심적인 기준은 단연 '입지'다. 입지 좋은 부동산을 선별하기 위해서는 '신고가'와 '전세가의 추이'를 주목해서 볼 필요가 있다.

서울의 경우 신고가가 계속 나오는 단지들을 살펴봐야 한다. 이중 재건축 기대감이 높은 단지라면 사업시행계획 인가 전후까지 가야 가치가 있다고 볼 수 있다. 여기에 학군, 교통, 브랜드 등 3박자를 갖춘 핵심 입지를 확인해야 한다. 또 하나의 중요한 지표는 전세가다. 전세가가 계속 오르는 곳은 향후 매매가도 동반 상승할 가능성이 매우 높다. 실수요자의 판단이 가장 직관적으로 반영되는 지표가 전세가이기 때문이다.

서울 외 경기·인천 등 수도권과 지방 광역시에서도 마찬가지다. 과거 과천이 재건축을 통해 시세가 오르며 입지의 힘을 보여 주었던 것처럼 분당을 비롯한 몇몇 지역은 충분한 가능성을 가지고 있다. 그 후에는 일산을 비롯한 1기 신도시 선도지구나 이에 준하는 단지에도 여전히 기회가 남아 있다고 볼 수 있을 것이다. 인천에서는 최근 '검단구 분구'를 추진 중인 서구를 주목해야 한다고 본다.

특히 1기 신도시의 경우 재건축 경험이 없이 다소 우왕좌왕하고 있지만, 최근 재건축 사업이 활발하게 전개되고 있는 서울 양천구 목동신시가지 아파트를 좋은 롤모델로 삼을 수 있을 것이다. 1988년 이전에 지어져 구축으로 잊혔던 목동신시가지 아파트가 지금은 매매 거래 100% 신고가를 기록하고 있다.

지방에서도 세종시에서 입지가 가장 좋은 2생활권, 충청에서 3040세대 인구가 많은 청주, 강원에서 소비 중심 도시로 손꼽히는 춘천, 전북에서 새 아파트 수요가 많은 전주 등이 주목할 만하다.

대선이나 정책 변화에 촉각을 곤두세우는 소비자들은 그보다 수요가 있는 입지 좋은 부동산을 선택하는 데 집중해야 한다. 정책이 바뀌어도 수요가 모이는 입지의 매력은 쉽게 바뀌지 않는다. 불확실한 시기일수록 본질을 들여다보는 섬세함이 성패를 가르는 핵심 요인이다.

06.
전월세 시장이 보내는 불안 신호

서울 아파트 전월세 시장의 불안은 단기적인 현상이 아니다. 입주 물량 감소와 '전세의 월세화' 현상, 실수요자의 집중 등 복합적인 문제가 동시에 작용하며 시장은 점차 불안정한 국면으로 진입하고 있다. 전세 매물은 눈에 띄게 줄었고, 신축 단지를 중심으로 신고가가 잇따르면서 전셋값 상승세는 이미 현실화되었다. 정부의 실효성 있는 완화 정책이 나오지 않는다면 전월세 가격 폭등을 피할 수 없을 것이다.

2025년 6월 기준으로 서울 아파트 전세 물량은 2만 5,886건으로 2024년에 비해 17.8% 감소한 수치였다. 2023년 초와 비교하면 거의 반 토막 수준이다. 특히 강동구는 대단지 입주가 종료된 이후 전

세 물량이 76.4% 급감했고, 강북·광진·송파·동대문 등도 30~40%
대의 감소세를 보였다. 또 서울 아파트 입주 물량은 2025년도에 3
만 7,681가구에서 2026년도에는 1만 가구 미만으로 급감했으며,
수도권 전체에서도 입주 물량 감소가 확실시되고 있다. 이와 같이
공급 절벽이 심화하면 전세 품귀 현상과 가격 상승 압력이 동시에
나타나게 된다.

전세의 월세화가 불러오는 임차인 부담

전세 물량 부족과 함께 '전세의 월세화' 현상도 가속화되고 있
다. 실제로 2024년 4분기 서울 아파트 임대차 거래에서 월세 비율
은 44%로 최근 2년 내 최고치를 기록했는데, 2025년 1분기에는 그
비중이 65%로 늘며 월세 전환이 예상보다 더 빠르게 진행되었다.
KB부동산에 따르면 서울 아파트 월세 지수는 1년 새 7.9% 상승했
다고 한다.

이런 현상이 나타나는 이유는 전셋값 급등과 대출 규제 강화로 인
해 세입자들이 보증금 인상분을 감당하지 못하고 일부를 월세로 전
환하는 사례가 늘었기 때문이다. 보증금이 줄어드는 대신 매달 고정
지출이 늘어나면서 임차인의 주거비 부담은 더 가중될 수밖에 없다.

전셋값 신고가가 불러오는 불안 신호

전세 물량이 줄어들면서 신축 아파트를 중심으로 전셋값 신고가가 잇따르고 있다. 서초구 반포동 래미안 원베일리 $80\,m^2$는 2025년 10월 15억 원에 거래되어 직전월 실거래보다 1억 원 이상 상승했고, 강동구 둔촌동의 올림픽파크포레온 전용 면적 $84\,m^2$도 12억 9,000만 원에 계약되어 역대 최고가를 기록했다. 마포구의 마포대림1차 전용 면적 $130\,m^2$ 역시 최고가 경신 사례가 나왔다.

이는 몇몇 고가 단지만의 상황이 아니다. 전세가격전망지수도 109.8로 전월 대비 상승하며 전세난에 대한 우려를 키웠다. 시장 전문가들 대부분도 전셋값의 상승을 전망하는 한목소리를 내고 있다.

경기 부양을 위한 자산 가격 상승 압력

2025년 5월의 경제성장률은 1.5%에서 0.8%로 하향 조정됐고, 경기 부양을 위해 금리 인하도 예고되었다. 2026년은 잠재성장률 수준인 2.0% 안팎으로 예상되었으나 중동 전쟁 발발과 장기화로 인한 고유가·고환율로 하향 조정 가능성이 높다. 이런 시기에 추경 편성과 금리 인하가 동시에 추진되면 시중 유동성이 크게 늘어나며, 자산 시장 중에서도 특히 부동산 가격에 상승 압력을 가할 수밖에 없다. 공급이 제한된 상태에서 유동성이 늘어나면 가격 상승이 더 빠르게 나타나게 되고, 이는 전월세 시장에서 즉각 체감될 것이다.

건축비·세금·환율 등 외부 변수도 악재

원화 가치 하락(환율 상승), 건축비 폭등, 각종 개발 사업 지연, 재산세·종부세 등 세금 인상 역시 전월세 시장의 부담을 키운다. 건설 경기 부진과 공급 지연으로 신규 아파트 공급은 더욱 줄어들고, 기존 주택의 희소성이 커지면서 가격 상승 압력이 지속될 것이다.

정책 부재 시, 전월세 시장 폭등은 불가피

전세·월세 시장의 불안은 이미 구조적인 문제로 자리 잡았다. 공급 부족, 월세화, 실수요자 집중, 금리 인하와 유동성 확대, 건축비·세금 상승 등 복합 악재가 동시다발적으로 작용하고 있는 상황이다. 실효성 있는 공급 확대 정책, 임차인 보호 장치, 시장 안정화 대책이 없다면 전월세 가격은 앞으로도 계속 상승할 수밖에 없다. 추후 다세대나 빌라, 오피스텔 등 비아파트의 전세도 마찬가지 흐름을 타며 결국 임차인에게 전면적인 주거비 부담을 지울 수 있다.

이를 완화할 수 있는 정책이 없다면 가격 상승은 피할 수 없게 된다. 대책 없이 수요만 억제하는 것이 아니라, 근본적이고 실효성 있는 대책 마련이 반드시 필요하다.

07.
시장의 물결에는 패턴이 존재한다

부동산 시장에서 집값 상승은 무작위의 우연처럼 발생하는 것이 아니다. 특정 지역에서 시작된 상승의 불씨가 인접 지역으로 확산되며, 이러한 흐름은 일정한 경로와 논리를 따라서 움직인다. 2025년에도 강남과 서초의 집값이 들썩이기 시작하며 과천, 분당, 용인 수지, 수원 영통까지 상승의 흐름이 이어졌다. 투자자들은 이러한 흐름을 이해하여 개별 지역의 가격을 예측하는 데 그치는 것이 아니라, 이 파도가 추후 어디로 향할지 판단할 수 있어야 한다.

강남에서 시작된 집값 상승의 확산

서울 강남과 서초는 명실상부한 수도권 주택 시장의 핵심지이다. 정부의 토지거래허가 구역 재지정, 재건축 규제 완화, 금리 인하에 대한 기대감까지 겹치며 최근 강남권의 아파트값은 다시 상승세를 타기 시작했다. 강남의 문턱이 워낙 높기 때문에 자금 여력이 부족하여 진입하지 못한 실수요자나 투자자들은 자연스럽게 인접한 대체지를 찾게 된다. 이때 중요한 포인트는 해당 지역이 강남을 대신할 수 있는지가 아니라, '강남과 얼마나 연결되어 있는지'를 보는 것이다.

강남에서 시작된 파도가 첫 번째로 닿은 곳은 바로 과천이다. 지리적으로 가깝고, 새건축 사업이 본격화되며 미래 가치에 대한 기대도 큰 곳이기 때문이다. 실제로 과천의 주요 단지들은 몇 달 사이에 가격이 수억 원씩 오르기도 했다. 강남에서 밀려난 수요가 과천으로 이동하면서 강남 못지않은 상승세를 보인 것이다.

과천 이후로 수요가 향한 곳은 분당이다. 분당은 1기 신도시 중에서도 인프라와 학군, 교통이 모두 뛰어난 지역이다. 최근에는 재건축에 대한 기대감과 GTX-A 개통이 가시화되면서 젊은 실수요자와 투자자들이 몰려들고 있다. 분당은 서울 핵심지와 가까운 입지적 장점 외에도 자족적인 수요가 높아 꾸준히 높은 평가를 받았다. '이미 가격이 오른 곳'이라는 인식도 있으나, 상승 국면에서 여전히 오를 가능성이 있는 곳으로 여겨진다.

분동에서 시작된 상승세는 생활권이 맞닿아 있는 용인 수지로 이어진다. 수지는 신혼부부와 젊은 직장인들이 선호하는 지역으로, GTX-A와 신분당선 등 교통 호재가 겹쳐 있다. 수지의 집값이 오르자 자연스럽게 수원 영통의 상승세가 이어졌다. 영통은 삼성 디지털시티 등 대규모 산업 단지와 가까워 탄탄한 실수요를 보유한 지역이다. 최근에는 대규모 신축 분양이 예고되면서 투자자들의 관심이 집중되고 있다. 강남을 직접적으로 대체하기는 어렵지만, 수요가 확산되며 가격을 재평가받고 있는 지역 중 하나다.

집값 확산 경로 속의 투자 전략

강남에서 시작해 과천, 분당, 수지, 영통으로 이어지는 집값 상승의 확산 경로에는 분명한 조건이 있다. 교통 인프라와 재건축 기대, 실수요의 이동이다. 이러한 조건이 맞아떨어져서 가격 상승에 대한 기대감이 생기면 수요가 몰리게 되고, 공급이 제한되는 상태에서 수요가 몰리면 가격이 상승하게 된다. 따라서 집값 확산 경로를 읽으면서 '다음 단계에 있는 곳'을 미리 알아보는 눈을 키워 선점하는 전략이 필요하다.

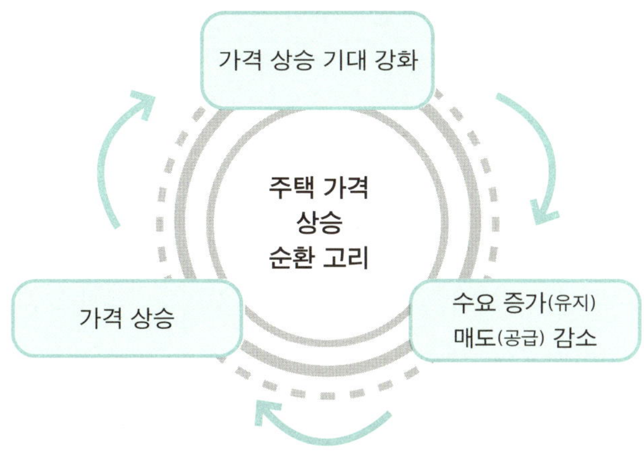

주택 가격 상승 순환 고리

먼저, 강남권의 상승 신호가 포착되면 인접한 준강남권(과천·분당)에서 매수 기회를 탐색해야 한다. 이 지역들은 강남의 대체지 역할을 하며, 상대적으로 저평가된 단지들이 많다. 또한 분당과 수지처럼 교통 호재와 재건축 이슈가 겹치는 지역에 주목한다. GTX 개통 등 대형 인프라 사업은 집값 상승의 강력한 동력이 된다. 마지막으로는 수원 영통처럼 아직 본격적인 상승이 시작되지 않은 지역을 미리 선점하는 것이 중요하다. 대규모 분양이나 신도시 개발이 예정된 곳, 산업 단지와 가까운 곳, 그리고 젊은 인구 유입이 활발한 곳이 그 대상이다.

다만 모든 투자가 그렇듯이 리스크 관리도 중요하다. 정부의 규제 정책, 금리 변동, 공급 과잉 등 변수는 언제든 시장의 흐름을 바꿀 수 있다. 특히 과천이나 분당처럼 단기간에 급등한 지역은 조정 위험도 크다. 투자자는 항상 정책 변화를 예의 주시 하고, 자금 계획을 보수적으로 세워야 한다.

또한 단기 차익에만 집착하기보다는 장기적인 관점에서 지역의 성장 가능성을 살펴야 한다. 교통 인프라 확충, 재건축 사업의 진행 속도, 인구 유입 추이 등 기초 체력을 갖춘 지역에 투자하는 것이 안정적인 수익을 보장해 줄 수 있다.

부동산 시장은 언제나 움직이지만 그 움직임에는 일정한 패턴과 논리가 있다. 불확실한 시장 속에서도 그 흐름을 예측하는 자에게 기회는 존재한다. 투자는 타이밍이 아니라, 흐름을 읽는 안목이다. 집값 상승의 파도가 어디로 흐를지, 그 물살 위에 먼저 올라타는 사람이 결국 승자가 된다.

08.
버블 세븐이 준 교훈과
침체기 시장 대응법

역사가 되풀이되듯이 부동산 시장이 흔들릴 때도 과거의 사례를 바탕으로 현재를 다시 해석해 볼 수 있다. 과거 침체기의 시장 대응에 대한 교훈을 남긴 '버블 세븐'이라는 키워드가 있었다. 2006년 전후 부동산 급등 시장에서 '거품이 가장 많이 끼었다'고 평가되었던 7개 지역을 말한다. 강남구, 서초구, 송파구, 양천구, 용인시, 분당구, 평촌(안양시)이 그곳이다.

이 버블 세븐 지역은 2005년 전후의 부동산 시세 폭등기에 주변 지역 부동산에까지 영향을 준다고 판단되어 정부의 집중 관리를 받았다. 또한 당시 버블 세븐 지역에는 부동산 규제 정책이 융단 폭격처럼 떨어졌다. 이후 금융위기를 거치며 2009년부터 침체가 본격화되었고, 2012년까지 긴 침체 시장이 지속되었다.

그러다 2013년 전국 부동산 대세 상승기를 맞으며 버블 세븐도 다시 움직이기 시작해 2015년 전후로는 완전히 생기를 되찾게 된다. 다만 과거와 같이 무조건 다 오르는 것이 아니라, 같은 지역 안에서도 상승 속도와 회복력에서 다른 양상을 보였다. 이러한 과거 사례는 우리가 추후 침체기 시장을 어떻게 대응해야 하는지에 대한 단서를 남겼다.

버블의 조건과 침체기의 변화

버블 세븐이 '버블(거품)'로 불리는 이유는 기본적으로 가격이 크게 올랐기 때문이다. 하락하기 전에도 크게 상승한 시기가 있었고, 침체기를 겪고 나서도 다시 오른 데는 분명한 이유가 있다. 하나는 수요가 지속적으로 증가했다는 것이고, 또 하나는 살 만한 '매물'이 분명히 존재했다는 것이다. 매수하는 투자자들은 매수 목적과 대략적인 목표 수익(률)에 따른 매수 대상을 찾게 되는데, 이 생각대로 투자한 수요층이 증가했다는 뜻이다. 결국 이 두 가지 모두가 상승을 부른 메커니즘이다.

문제는 여기부터다. 만약 예상했던 투자 수익에 대한 시나리오가 깨지면 어떻게 될까? 투자자라면 매도해야 할 것이다. 아직 하락하기 전이면 여전히 수익 구간에서 매도할 수 있겠지만 하락이 시작되면 내가 산 금액 그대로 매도하거나, 내가 산 가격에도 매수자가 없으면 손절매를 해야 할 가능성도 있다. 시장 수요가 급격히 줄면 가격과 상관없이 매수자가 전혀 없을 수 있다. 이 경우 거래량이 줄면서 폭락하게 되는 것이다.

이때 고려되지 않은 수요가 있다. 바로 실수요다. 실수요는 하락장에도 거의 매도하지 않고 거주를 지속한다. 당연히 거래량은 급감할 것이디. 꼭 이사헤야 히는 실수요층은 급매물로 거래를 한다. 즉 투자 수요는 사라지고, 실수요는 움직이지 않는 방식으로 시장의 유동성이 멈추게 된다.

물론 대한민국 전체가 동일한 방향으로 움직이지는 않는다. 같은 서울, 같은 강남권이라고 할지라도 움직임이 다를 수 있기 때문에 철저하게 개별적으로 분석해야 한다. 투자 목적의 부동산이라면 큰 조정이 될 수 있고, 실거주 목적이 견고한 부동산이라면 약간의 하락 거래가 있을 뿐 전체적으로는 흔들리지 않을 것이다.

반면 수요가 많지 않은 지역이라면, 그것도 투자자들이 몰리지 않던 곳이라면 그냥 제 시세를 유지하기도 한다.

어떤 의사 결정을 해야 할까

여기까지는 부동산 시장에 조금이라도 관심이 있으면 대부분 예상할 수 있는 내용이다. 중요한 것은 지금부터 어떤 의사 결정을 해야 하느냐는 점이다. 소유한 것을 매도할 것인가, 하락 구간의 부동산을 추가 매수할 것인가, 혹은 시장을 한동안 떠나 있거나 투자의 주 종목을 바꿀 것인가.

여러 가지 시나리오가 있을 수 있지만, 여기서부터는 인사이트를 통해 스스로 결정해야 한다. 전체 평균으로 공식처럼 전체가 동시에 움직이지 않기 때문이다.

다만 초보 투자자들이 빠지기 쉬운 함정이 하나 있다. 매우 주의해야 한다. 바로 매매가와 전세가의 갭이 작은 매물을 선택해 투자 금액이 적을수록 좋은 투자라고 생각하는 경우이다. 그러나 매매가와 전세가의 갭이 절대적으로 작다는 건 미래 가치와 현재 가치가 같다는 뜻이다. 즉 미래를 보고 투자할 수 있는 대상이 아니라는 의미와 같다. 이는 장기 상승을 기대하기가 힘들다. 말 그대로 트레이딩, 단타 투자만 가능하다. 투자 금액이 적다는 것 자체가 좋은 투자를 보장하지는 않는다는 사실을 명심하자. 좋은 물건을 합리적인 가격에 사는 것이 포인트다.

시장에서는 늘 겸손해야 한다. 과거의 사례를 복기해 보는 이유는 그 특정 시기와 현재가 동일하다는 뜻이 아니라, 침체기를 돌아보고 어떤 자산이 회복하는지 판단의 기준을 얻어 지금 할 수 있는 최선의 방법을 찾기 위해서다. 디테일하게 들여다보면 모든 시장은 다르며, 특히 부동산은 입지의 수준이나 수요층, 상품과 가격에 대한 수용 여부 등이 모두 달라지고 있다. 초보 투자자든 경험이 많은 투자자든 계속해서 트렌드를 공부하고 분석해 나가야 한다.

09.
구조적 대전환!
부동산 시장을 흔든 열 가지 결정적 장면

지난 2025년 대한민국의 부동산 시장은 어느 때보다 뜨겁고도 냉혹했다. 지난 수년간 시장을 뒤덮던 '불확실성'의 안개가 걷히자, 그 아래에 드러난 것은 평평한 운동장이 아니라 거대한 절벽과 낭떠러지였다. 2025년은 가격의 상승과 하락의 사이클의 문제가 아니라, 자산 가치의 재편되는 '구조적 대전환의 원년'으로 기록될 만한 해였다. 유동성 파티는 끝났지만 '퀄리티'를 향한 갈망이 거세졌고, '똘똘한 한 채'라는 슬로건은 생존 전략을 넘어 부의 계급을 나누는 기준점이 되었다. 2025년 부동산 시장의 결정적인 열 가지 장면을 복기하며 다가올 시장을 준비해 보자.

펀더멘털(Fundamental)의 역습: 시장의 규칙이 바뀌다

〔장면 1〕 공급 절벽의 현실화: 서울 신축은 이제 유니콘이다

2025년의 가장 치명적인 이슈는 단연 공급 절벽의 현실화였다. 2~3년 전 금융 비용 급등과 프로젝트 파이낸싱(PF) 부실로 멈춰 섰던 인허가와 착공의 공백이 시차를 두고 2025년 시장을 강타했다. 서울의 신규 입주 물량은 통계 작성 이래 최저 수준인 1만 호 미만으로 떨어졌고, 시장은 냉정하게 반응했다.

'지금이 아니면 새집에 살 수 없다'는 공포심(FOMO)은 무주택자보다는 오히려 1주택자들을 자극했다. 희소성이 곧 권력이 되고, 서울 신축 아파트는 더 이싱 주거 공긴이 아니라 '대체 불기능한 지산(NFT)' 급의 위상을 갖게 됐다. 공급 부족은 이미 예견된 일이었지만 그 파괴력은 예상보다 훨씬 강력하게 나타났다.

〔장면 2〕 금리 피벗(Pivot)과 '뉴 노멀' 금리의 적응

미국 연준(Fed)의 금리 인하 사이클이 본격화되고 한국은행도 이에 동조하는 완화 기조를 보였음에도 불구하고 시장이 기대했던 '초저금리(0~1%대)'의 시대는 오지 않았다. 대출 금리는 3% 중반에서 하방 경직성을 보였다.

그러나 2025년의 투자자들은 금리의 절대 수준보다는 '방향성'
과 '확실성'에 베팅하는 현명한 대응을 보였다. '더 이상 금리가 오
르지 않는다'는 시그널 하나만으로도 시중의 유동성은 은행 예금
에서 부동산으로 급격히 이동하기 시작했다. 이른바 '에셋 파킹
(Asset Parking)' 현상이다. 현금 가치 하락을 방어하기 위한 안전 자
산으로서 서울 아파트의 지위는 금리라는 변수를 압도했다.

〔장면 3〕 평당 공사비 1,000만 원 시대의 고착화

'공사비 쇼크'는 일시적인 현상이 아니라 고착화된 상수가 되었
다. 원자재 가격 상승과 인건비 급등을 비롯해 제로에너지 건축 의
무화 등의 규제 비용이 더해지며 평당 공사비 1,000만 원이 심리적
마지노선이 아니라 출발선으로 자리 잡혔다. 이에 따라 정비 사업
장 곳곳에서 조합과 시공사의 갈등이 발생했으며 이는 분양가 상
승으로 이어졌다. 결국 분양가는 '오늘이 가장 저렴하다'는 인식이
현실화된 셈이다.

고분양가 논란에도 불구하고 서울 주요 단지의 청약 경쟁률이
수백 대 일에 달한 것도 결국 이러한 비용 인플레이션이 되돌릴 수

없는 변화라는 것을 소비자들이 인식하고 인정한 결과다.

시장의 재편: 양극화를 넘어 초격차로

[장면 4] '마·용·성'의 비상과 강남 3구와의 동조화(Coupling)

2025년은 '탈(脫)강북' 현상이 두드러진 해였다. '마포, 용산, 성동구'가 더 이상 강북의 대장주에 머물지 않고 강남 3구(강남, 서초, 송파)와 가격의 흐름을 같이하는 '프라임 존(Prime Zone)'으로 편입되었다. 특히 성수동의 하이엔드 주거 단지와 용산의 정비 사업에 대한 기대감은 강남의 아성을 위협할 정도로 성장했다.

반면 노·도·강(노원, 도봉, 강북) 및 금·관·구(금천, 관악, 구로) 등 서울 외곽 지역은 여전히 전 고점을 회복하지 못하며 서울 내부에서도 극심한 '디커플링(Decoupling)' 현상이 발생했다. 서울이라고 다 같은 서울이 아닌 시대가 열린 것이다.

[장면 5] 전세가율 60% 돌파와 갭 투자의 은밀한 귀환

매매가가 주춤하는 사이에 전세가는 쉼 없이 상승했다. 공급 부족에 허덕이며 서울 주요 단지의 전세가율이 60%를 넘어서자, 자취를 감췄던 갭 투자(Gap Investment)의 수요가 다시 떠오르기 시작했다. 다만 과거와 다른 점은 '무차별적 갭 투자'가 아니라 '선별적 갭 투자'가 이루어졌다는 점이다. 환금성이 보장된 역세권 대단지나 학군지로만 전세를 끼고 매수하는 수요가 늘어나면서, 전세가가 매매가를 밀어 올리는 전형적인 상승장의 초기 공식이 다시 작동하기 시작했다.

〔장면 6〕 비아파트 시장의 구조적 붕괴

빌라, 오피스텔 등 비아파트 시장은 2025년에도 긴 겨울을 보내며 회복의 기회를 얻지 못했다. 특히 전세 사기 여파로 인한 '빌라 포비아(Phobia)'는 3040세대의 주거 문화를 완전히 바꾸어 놓았다. 무리해서라도 아파트 월세나 구축 아파트 매수를 선택하면서, 더 이상 비아파트를 주거 사다리의 첫 단계로 여기지 않게 된 것이다.

이에 아파트로의 수요 쏠림 현상은 더욱 심화되었다. 비아파트 시장의 붕괴는 아파트 시장의 과열을 부추기는 동시에 서민 주거 안정성을 해치는 뇌관으로 작용했다. 정책적 지원이 있었으나 시장의 신뢰를 회복하기엔 역부족이었다.

새로운 기회의 탄생: 미래를 선점한 자들

〔장면 7〕준신축(5~10년 차) 대단지의 재발견

2025년에 가장 드라마틱한 상승률을 기록하며 주목받은 대안은 신축 분양권도, 30년 된 재건축도 아닌 '준신축 아파트'였다. 신축의 살인적인 가격과 재건축의 기약 없는 기다림에 지친 실수요자들이 5~10년 차 대단지로 선회했기 때문이다. 신축급의 커뮤니티를 누리면서 가격은 신축 대비 80% 수준이라는 가격적인 메리트가 준신축 대단지를 '현실적인 드림 하우스'로 부상시켰다.

〔장면 8〕1기 신도시 선도지구: 이주 수요라는 판도라의 상자

분당, 일산 등의 1기 신도시 재건축 선도지구 지정은 2025년 부동산 시장에 거대한 변수를 던졌다. 단순한 정책 발표를 넘어 실제 지정이 이루어지면서 해당 단지들의 호가가 천정부지로 치솟았다. 더 중요한 건 이로 인해 거대한 '이주 수요'가 예고되었다는 점이다. 수만 가구의 이주가 시작될 것이라는 전망은 분당 인근의 용인 수지, 성남 구도심 등 배후 지역의 전세와 매매 가격을 자극했다. 1기 신도시 재건축은 호재를 넘어 수도권 남부 주거 지도를 다시 그리는 거대한 소용돌이의 시작이 되었다.

〔장면 9〕 GTX-A 전 구간 개통과 '시간의 정복'

GTX-A 전 구간(운정~동탄) 완전 개통은 수도권 외곽의 심리적 거리를 물리적으로 단축시킨 혁명적 사건이었다. 동탄역과 운정역 인근 단지들은 '서울 생활권'으로 편입되며 가격 재평가가 이루어졌고, 이는 길이 뚫리는 곳에 돈이 모인다는 부동산 불변의 진리를 다시 한번 증명했다.

특히 삼성역과 서울역을 20분 이내에 주파한다는 사실은 직주근접의 개념을 공간적 거리에서 '시간적 거리'로 재정의하며, GTX 역세권 아파트를 서울 마포구 수준의 위상으로 격상시켰다.

〔장면 10〕 반도체 벨트의 독주: 지방 소멸 속의 생존자

지방 부동산 시장이 미분양의 늪에서 허덕이는 동안 유일하게 빛난 곳은 '반도체 벨트'였다. 용인 남사·원삼면의 시스템 반도체 클러스터와 평택 고덕신도시는 삼성전자와 SK하이닉스의 천문학적 투자에 힘입어 지방 하락장과는 무관한 상승세를 보였다. 양질의 일자리가 있는 곳에만 사람이 모이고 집값이 오른다는 냉혹한 현실을 보여 준 셈이다.

2025년의 이 현상은 지방 광역시조차 힘을 쓰지 못하는 상황에서, '국가 전략 산업'과 연계된 지역만이 살아남는다는 '일자리 부동산'의 공식을 확고히 했다.

2026년, 부(富)의 성벽은 더 높아진다

2025년의 10대 이슈를 관통하는 메시지는 명확하다. '쏠림'은 심화되고, '단절'이 고착화되고 있다. 서울과 지방, 아파트와 비아파트, 신축과 구축, 상급지와 하급지 사이의 벽이 넘을 수 없는 성벽처럼 견고해진 것이다.

여전히 입주 물량이 부족한 공급 절벽과 1기 신도시 이주 수요가 충돌하며 이 흐름은 추후에도 가속화될 것으로 보인다. 전세난의 심화는 매매가를 밀어 올리는 가장 강력한 연료가 될 것이다.

시장의 온기는 이제 모두에게 공평하게 나뉘지 않는다. 준비된 자, 흐름을 읽고 과감하게 상급지라는 노아의 방주에 탑승한 자만이 인플레이션의 파도를 넘어설 수 있다. 2025년이 양극화의 시작이었다면, 2026년은 그 격차가 고착화되는 '계급 사회'의 완성이 될지 모른다. 지금 우리는, 그 거대한 변화의 변곡점 위에 서 있다.

2장.

입지와 정책을 읽는 눈

01.
서울의 중심축이 이동하고 있다

서울의 부동산 시장은 언제나 똑같은 호황을 유지하는 것처럼 보인다. 하지만 구체적으로 들여다보면 표면 아래에서 조용한 변화가 진행되고 있다. 그중에서도 최근 눈에 띄는 변화 중 하나는 송파구와 성동구 아파트 매매 가격의 상승이다.

2025년 11월 24일 기준 KB부동산 통계에 따르면, 서울 송파구 아파트 매매 가격은 전년 말 대비 22.6%, 성동구는 22.34% 상승했다. 같은 기간 서울 전체 상승률과 비교하면 두 자릿수 포인트 이상 웃도는 수치다. 이는 강남구·서초구·과천 등 전통적 고가 지역보다도 높은 상승률이다.

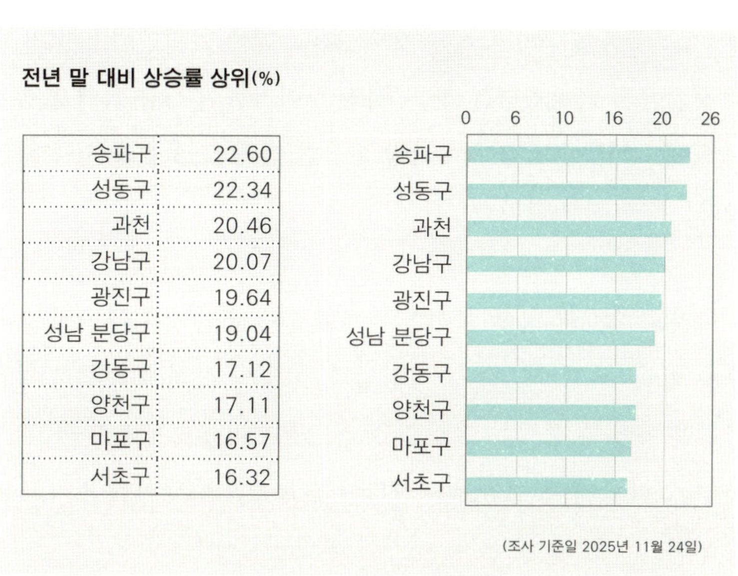

전년 말 대비 주요 지역 아파트값 상승률

두 해 연속 이러한 현상이 나타난 것을 지역적 호재나 일시적 과열로 치부하기는 어렵다. 송파와 성동구의 가격 급등은 서울 주거 지형이 본질적으로 재편되고 있다는 사실을 반영하는 신호이며, 향후 수도권 부동산 시장의 방향을 가늠하게 하는 척도이기도 하다. 이 흐름을 올바르게 해석하지 못하면 정책에 대한 판단은 물론, 개인의 주거 전략도 방향을 잃게 된다.

서울 아파트 거래량은 여전히 과거의 호황기 수준에 미치지 못한다. 금리 인하 역시 본격적인 국면에 접어들었다고 보기는 어렵다. 그럼에도 불구하고 특정 두 구(區)의 매매 가격만이 20%가 넘는 상승률을 기록했다는 것은, 시장 참여자들이 서울 전역을 검토한 끝에 '지금 이 시점에서 가장 확실한 선택'으로 송파·성동을 골랐다는 의미에 가깝다.

가격은 통계로 나타나지만, 통계를 움직이는 것은 구체적인 가구와 기업, 투자자의 의사 결정이다. 이들의 선택이 대체로 같은 방향을 향할 때 우리는 그것을 '트렌드'가 아니라 '구조 변화'라 부른다. 그리고 송파·성동에서 나타나는 흐름은 분명히 후자라고 볼 수 있다.

공급 절벽과 '똘똘한 한 채'의 진화

이번 집값 상승의 주요 배경에는 먼저 서울 전체의 공급 부족이 있다. 2020년 이후 각종 규제, 인허가 지연, 공사비 급등 등의 영향으로 서울의 신규 분양과 착공 물량이 뚜렷하게 감소했다. 2024년 이후 입주 물량도 감소한다는 사실은 통계가 이미 증명하고 있다.

공급 부족 국면에서 시장이 보이는 전형적인 반응은 애매한 여러 채보다 확실한 한 채를 선호하려는 움직임이다. 즉, 대단지·역

세권·학군지·생활 인프라가 검증된 지역으로 수요가 몰리는 현상
이 발생한다.

　그동안 이러한 '똑똑한 한 채'의 대표는 강남·서초였다. 그러나
최근 몇 년 사이 가격 수준과 규제 강도가 누적되면서, 이들 지역은
상당수 실수요자에게 이제는 접근이 불가능한 시장으로 인식되기
시작했다. 이 시점에서 시장은 새로운 질문을 던진다.

　"강남에 들어갈 수 없다면, 강남과 같은 생활을 누릴 수 있는 곳
은 어디인가?"

　이 질문에 대한 집단적인 답이 바로 송파와 성동이다. '똑똑한
한 채'의 지리적 범위가 강남역 인근에서 동쪽과 북쪽으로 확정된
셈이다.

　사실 2022년 금리 급등기 동안 송파는 서울에서도 하락 폭이 컸
던 지역 중 하나였다. 잠실을 비롯한 주요 단지의 가격이 빠르게
조정을 받았다. 그러나 2023년에 접어들면서 상황은 반전되었다.
서울의 다수 지역이 마이너스 또는 보합에 머무를 때 송파는 플러
스 상승률을 기록하며 가장 먼저 바닥을 확인한 지역으로 자리매
김한 것이다. 성동 역시 2020~2021년 과열 이후 가격 조정을 거친

뒤, 2024년부터 다시 고급 주거지로서의 위상을 재확인하였다.

따라서 2024년의 상승은 주로 2022년 하락분을 회복하는 1단계 국면이라 볼 수 있다. 반면 2025년 전년 말 대비 20%가 넘는 상승은 그 위에 겹쳐진 '재평가의 2단계'에 해당한다. 이 구간에서의 가격 움직임은 원위치로의 복귀가 아니라 "이 정도 입지라면 이 정도 가격은 정당하다"는 새로운 기준이 시장에 심어지는 과정이라는 의미가 있다.

송파구: 강남의 일상을 유지하면서 가격 부담을 낮춘 선택지

송파구의 급등은 크게 대단지 클러스터와 잠실 재건축 기대라는 두 축으로 설명할 수 있다. 잠실 엘스·리센츠·트리지움, 레이크팰리스, 헬리오시티 등은 이미 수도권 주거 시장에서 상징적인 대단지로 자리 잡았다. 이들 단지가 위치한 잠실·가락·문정 일대는 학군, 대형 상권, 공원, 업무 시설이 고르게 갖춰져 있는 흔치 않은 생활권이다.

2호선을 통해 강남역, 선릉역, 삼성역으로의 접근성이 우수하고 롯데월드타워·잠실운동장·석촌호수 일대 상권이 형성돼 있으며 문정 법조타운과 가락시장, 위례신도시와의 연계도 가능하다. 즉, 강남으로 출근하면서, 강남보다 쾌적한 주거 환경을 누릴 수 있는 지역이라는 점이 송파의 가장 큰 장점이다.

가격 측면에서도 여전히 강남·서초보다는 한 단계 낮다. 실수요자의 입장에서 '감당 가능한 상한선'과 '강남 생활권 유지'라는 두 조건을 동시에 만족시키는 곳이 송파라는 인식이 확산될 수밖에 없다.

잠실 한강 변 구축 대단지의 재건축 또한 빼놓을 수 없다. 잠실 주공5단지, 장미 등은 용도 지역 상향과 고밀도 개발을 전제로 한 대형 프로젝트로 진행되고 있다. 이들 사업이 본격화될 경우 잠실 일대는 기존의 '강남의 베드다운'을 넘이 국제업무·컨벤션·주기가 결합된 동남권 핵심축으로 재탄생할 가능성이 크다.

시장은 이러한 미래 기대 가치를 가격으로 미리 반영하고 있는 셈이다.

성동구: 공장 지대에서 한강 북부의 신흥 부촌으로

성동구의 변화는 더욱 상징적이다. 과거 준공업 지역과 노후 주거지가 뒤섞였던 성동은 서울숲 개발과 함께 완전히 다른 얼굴을 갖게 됐다. 갤러리아 포레, 트리마제, 서울숲리버뷰자이 등 고급 단지가 성수동·서울숲 일대를 대표하는 풍경으로 바꾸어 놓았다.

이곳의 주거 수요는 뭉뚱그린 소득 상위층에만 그치지 않는다. IT·콘텐츠·스타트업 업종의 고소득 30·40대, 프리랜서, 창업가들이 대거 유입되었다. 이들은 '한강 조망권'이나 '상품성'을 넘어, 카페·편집숍·갤러리·공유 오피스가 어우러진 거리의 분위기를 중요하게 여긴다. 다시 말해 성동은 자산을 가진 사람들이 모이는 동네를 넘어 새로운 문화를 만드는 사람들이 모이는 동네가 된 것이다.

성수전략정비구역과 준공업 재개발 사업은 이러한 변화를 제도적으로 뒷받침한다. 노후 공장지와 다세대 밀집 지역이 고밀 복합 도시로 재편되는 과정에서 토지와 입주권, 신축 아파트의 가치가 동시에 상승하고 있다. 서울 도심에서 이처럼 대규모로 정비 가능한 지역은 이미 많지 않다. 시장이 성동을 '서울에 남은 몇 안 되는 대형 성장 엔진'으로 평가하는 이유다.

교통 여건 역시 성동의 상승을 뒷받침한다. 왕십리·한양대·응봉·옥수·금호 일대를 중심으로 2·5호선, 분당선, 경의중앙선이 교차하며, 차량으로는 한남대교·동호대교·성수대교를 통해 강남·도심 어느 쪽으로도 접근이 용이하다. 실제 근무지는 강남, 생활권은 도심과 한강 북부에 두려는 계층에게 성동은 매우 효율적인 선택지다.

새로운 강남 축을 어떻게 다룰 것인가

송파와 성동의 급등을 한 문장으로 요약하면 이렇게 정리할 수 있다. "강남을 더 이상 살 수 없게 된 사람들이 강남을 확장시켜 새로운 강남 축을 만들어 냈다."

강남·서초가 기존의 중심이라면, 이제 서울의 고급 주거 축은 강남 – 잠실 – 문정 – 위례로 이어지는 동남권 축, 그리고 한남 – 옥수 – 성수 – 왕십리로 이어지는 한강 북부 축으로 확장되고 있다. 두 축이 교차하는 지점에서 서울의 자본과 인구, 라이프스타일이 집중되고 있으며, 2025년 통계는 그 현실을 숫자로 보여 주었을 뿐이다.

정책 당국은 이 흐름을 '억제의 대상'으로만 볼 것이 아니라, 서울 전체의 균형 발전과 주거 안정이라는 틀 속에서 어떻게 활용하고 보완할 것인지 고민해야 한다. 또 개인은 이 흐름을 '투기 광풍'으로만 치부하기보다, 자신의 생애 주기와 자산 사이클 속에서 어떤 선택이 가장 합리적인지를 냉정하게 판단해야 할 것이다.

부동산 시장은 항상 과거를 후회하게 만들고, 현재를 불안하게 만들며, 미래를 과대평가하게 만든다. 그러나 분명한 사실이 하나 있다. 도시의 중심축은 우연히 만들어지지 않는다. 송파와 성동이 보여 준 20%대 상승률은 그 축이 지금 어디를 통과하고 있는지 명확하게 가리키는 꽤 설득력 있는 표지판이다.

02.
기대가 가격이 되고 있는 용산

부동산 시장에서 가격이 움직이는 순간은 언제일까? 이미 건물이 완공되고 인프라가 갖춰졌을 때는 이미 가격도 완성되어 있다. 가격은 보통 '완성' 단계가 아니라 '예정' 단계에서 움직이기 시작한다. 재건축 구역 지정, GTX 노선 확정 등의 호재가 수면 위로 떠오르고 공식화되는 순간에 이미 기대 가치가 가격에 반영되는 것이다.

기대 심리가 드러나는 용산 정비 사업

한동안 잠잠했던 용산이 다시 투자자들의 주목을 받기 시작하는 이유도 마찬가지다. 특히 이촌동과 서빙고동은 강북에서 보기 드문 한강 조망권을 갖춘 지역이지만 오랜 기간 개발이 정체되어 있던 곳이다. 이 일대는 노후 아파트 일색이었지만 2025년 11월, 정비 계획 결정 및 구역 지정이 통과되며 초고층 마천루로 거듭날 대규모 재정비 사업이 잇따르고 있다. 그렇다면 지금이 과연 이 흐름에 올라탈 최적의 시기라고 볼 수 있을까?

용산구청에 따르면 이촌동 일대에만 무려 14건의 정비 사업이 추진 중이다. '한강맨션', '강변강서아파트', '왕궁아파트' 등 이름만 들어도 부촌의 향기가 배어 있는 단지들이 각각 최고 49~59층 재건축을 추진하며 본격적인 스카이라인 교체를 준비하고 있다. 이 중에서도 한강맨션은 불과 2개월 만에 전용 면적 $120m^2$ 실거래가가 4.6억 원 급등하는 등 시장의 기대 심리가 곧장 가격에 투영되어 나타났다.

이는 서울 강북의 한강 변이라는 '희소성'과 용산이라는 '상징성'이 만났을 때 어떤 미래 가치를 상상하게 되는지 보여 주는 신호탄이라고 할 수 있다.

또 서빙고동의 '신동아아파트'는 무려 1,903세대의 대단지, 49층 재건축 계획을 발표하며 중대형 평형 위주의 고급 주거지로의 재탄생을 준비한다. 그뿐만 아니라 신동아쇼핑센터 부지에는 업무·주거 복합타운이 예정돼 있어 '직주근접형 고소득 인구' 유입을 이끌 핵심 거점으로도 기능할 것으로 보인다.

투자의 타이밍과 조건

용산에 대한 기대 심리가 커지는 지금이 과연 투자 적기라고 할 수 있을까? 이 질문에 대한 답은 '된다' 혹은 '안 된다'로 나뉘기보다는 '투자자의 위치와 시야'에 따라 다를 수밖에 없다.

정비 사업은 기본적으로 장기 투자다. 현재 시점에서 한강맨션에 들어간다면 입주까지는 7~10년을 기다려야 할 수도 있다. 다수의 단지가 현재로서는 정비 계획 변경, 주민 공람, 시공사 선정, 착공 전 단계에 있기 때문에 본격적인 분양은 2028~2030년에나 가능할 것으로 보인다. 따라서 단기 시세 차익이나 전매 수익을 노리는 투자자에게는 적합하지 않다. 특히 단지별 속도 격차도 크게 벌어질 수 있어 시간적인 리스크를 반드시 고려해야 한다.

물론 그 기다림이 강북 유일의 한강 프런트와 서울 핵심 입지의 재탄생이라는 결과로 이어진다면, 그 긴 시간은 곧 프리미엄으로 전환될 것이다. 만약 오래 기다릴 수 있다면, 즉 장기 투자가 가능하다면 이 시점의 용산은 충분히 투자 대상으로 검토할 만하다.

서울에서도 한강 변과 가까운 재건축지는 한정되어 있다. 거기에 용산은 여러 국가적 개발축이 맞물려 있는 곳이다. 이러한 점을 고려하면 용산은 충분히 의미 있는 무대다. 지금의 투자가 단지 몇 평이 아니라 미래의 서울 한강 프리미엄 라이프스타일을 선점하는 선택이 될 수도 있을 것이다. 아직 대중의 주목은 강남으로 쏠려 있겠지만, 정말 현명한 투자자라면 주목받기 전에 움직여야 한다.

03.
MZ와 신혼부부가 당산을 선택하는 이유

부동산에서 입지를 결정하는 핵심적인 요소는 다름 아닌 '교통'이다. 생활 인프라나 개발 호재, 학군 등의 요소도 중요하지만 그보다 우선적인 조건이 이동의 효율성이기 때문이다. 교통은 이동 편의성을 제공할 뿐 아니라 수요의 밀도와 지속성을 만들어 내는 장치이기도 하다. 2024년 하반기 이후 서울 및 수도권의 부동산 시장은 전반적으로 상승세가 꺾이며 멈칫했지만 그 와중에도 꾸준한 상승세를 보인 지역이 있다. 바로 당산이다.

당산의 경쟁력 변화

당산은 오랫동안 큰 주목을 받지 못하는 지역이었다. 일제강점기 시절에는 대규모 공장과 철도가 들어선 공업 지대였지만, 2000년대 초반까지도 '여의도와 목동 사이에 어중간하게 낀 동네'라는 인식이 강했다. 하지만 지하철 9호선 급행 노선이 개통되면서 교통망이 확장되었고, 지식산업센터가 들어오며 MZ세대가 유입되고 상권의 변화도 생겨났다.

이후로는 마치 성수동 개발 초창기처럼 유동 인구가 늘고, 상권의 성격이 바뀌며, 주거지에 대한 인식이 달라지며 자연스럽게 아파트 단지와 상가 임대료가 상승하는 수순을 밟았다.

당산의 경쟁력을 명확히 보여 주는 사례 중 하나는 오래된 구축 아파트의 가격 흐름이다. 대표적으로 당산삼성래미안4차는 지하철 2호선과 9호선의 더블 역세권에 위치해 있는데, 2003년에 입주한 구축임에도 불구하고 일대의 신축 아파트보다 더 높은 가격대를 형성하고 있다. 지하철뿐 아니라 주요 간선 도로와 교통 접근성, 대형 쇼핑몰과 가까운 생활 인프라, 한강공원과 가까운 입지도 당산의 경쟁력을 강화한 요인이다.

젊은 신혼부부 청약의 집중

당산은 신축이 워낙 귀한 지역이라 청약 시장에서는 과열에 가까운 반응이 나타난다. 당산센트럴아이파크는 2020년에 입주한 신축 아파트로 지하철역까지 도보 7분 거리라 더블 역세권 혜택을 누리기 좋다. 2018년 분양 당시에는 3.3m^2당 분양가가 2,870만 원(전용 면적 84m^2 기준 약 9억 원)으로 시세보다 저렴했는데 입주하자마자 19억 원을 찍었다.

2024년 11월 분양한 e편한세상당산리버파크도 2028년 3월 입주를 목표로 하고 있는데, 1순위 청약에서 평균 340:1의 높은 청약률을 기록했다. 특히 젊은 신혼부부를 중심으로 수요가 몰렸다. 단순한 투자저가 아니라 실제 '실고 싶은 동네'로 인식되고 있다는 뜻이기도 하다.

그 외에도 당산동 일대에는 재건축을 향해 단계적으로 속도를 내는 노후 단지들이 늘어나고 있다. 아직 사업시행인가를 기다리는 단계도 있지만, 정밀안전진단을 통과한 단지들도 등장했다.

부동산에서 역세권의 위치는 단지 이동이 편하다는 수준의 장점이 아니라, 꾸준한 수요를 보장하는 메리트에 가깝다. 이동의 효율성이나 생활 반경의 편의성을 필요로 하는 실거주 수요와 임대 수요가 동시에 존재하기 때문에 가격이 쉽게 무너지지 않으며, 시간이 지나도 가치가 쉽게 하락하지 않는다. 당산은 저평가된 곳이 급등한 사례라기보다는 이미 완성된 입지 위에 교통이 더해지며 뒤늦게 가치가 빛을 발하게 된 지역이라고 할 수 있다. 정비 사업을 통해 입지 위에 프리미엄이 더해진다면 추가적인 가치 상승의 여력을 바라볼 수도 있을 것이다.

04.
서울 부동산 지형의 마지막 퍼즐, 영등포

서울의 지도가 오늘날처럼 다채로운 색채를 띠게 된 데에는 강남 개발이라는 거대한 사건이 있었다. 그러나 강남이라는 이름이 본격직으로 서울의 경제와 문화를 이끄는 중심지로 부상하기 전, 이미 한강 남쪽에서 산업화의 기폭제 역할을 한 지역이 있었다. 그곳이 바로 영등포다.

산업 지대의 기억과 서울 서남권의 심장

일제강점기였던 1930년대, 경성공업지구로 지정된 영등포는 방직·제분·식품 공장이 빼곡히 들어서며 '서울의 공장 지대'로 성장했다. 한강을 통한 수운과 경인선 철도라는 천혜의 물류 조건은 산업의 집적을 부추겼고, 광복과 전쟁을 거친 1960~1970년대에는 대한민국 제조업의 심장으로 불렸다.

이 시절의 영등포는 경제 성장의 상징이자 서민의 삶을 지탱하는 토대였다. 영등포시장 일대는 전국 각지에서 몰려든 상인들로 밤낮없이 붐볐고, 인쇄·제분·금속가공 등 다양한 공장이 연기와 소음을 내뿜었다. 사람들은 '영등포 공장 굴뚝에서 나오는 연기가 서울의 내일을 밝힌다'는 말로 이곳의 활력을 묘사하곤 했다.

그러나 산업이 빠르게 고도화된 1980~1990년대, 이 굴뚝도 서서히 꺼져 갔다. 공장들은 인천과 경기의 신공업 지대로 이전했고, 남겨진 준공업 지역에는 노후한 창고와 소규모 공장이 듬성듬성 남았다. 산업 도시로서의 화려했던 시절은 지나갔지만, 공업 지대의 흔적만이 도심 한복판에 남아 있는 기묘한 풍경이 영등포의 일상이었다.

이 시기 영등포의 주거 환경은 오래된 공장 지대와 뒤엉켜 낙후될 수밖에 없었다. 여의도라는 금융 중심지가 바로 옆에 있으면서도, 한강을 사이에 두고 주거·산업의 격차가 극명했다. 강남의 고급 주거지, 마포와 성수의 문화적 부활과 비교하면 영등포는 과거의 영광과 현재의 낙후가 공존하는 곳이었다.

이는 곧 새로운 변화를 위한 잠재력이기도 했다. 서울의 공간이 한정되고, 구도심이 재개발의 순환을 거듭하는 가운데 영등포의 잠재적 가치는 시간이 흐를수록 점점 더 부각되기 시작했다.

현재의 영등포: 복합 개발과 주거 재생의 분기점

오늘날 영등포 일대에서는 과거의 공장 지대 이미지와는 사뭇 다른 풍경을 마주할 수 있다. 변화는 여러 축에서 동시에 진행되고 있지만 가장 눈에 띄는 곳은 단연 여의도다.

국회의사당을 중심으로 금융감독원, 주요 증권사와 자산운용사, 한화 63빌딩, IFC와 파크원 등 초고층 업무·상업 시설이 줄지어서 있는 이곳은 이미 '대한민국 금융 1번지'라는 타이틀을 넘어, 글로벌 자본이 모여드는 국제 금융 허브로 성장했다. 강남 테헤란로와 어깨를 나란히 하며, 주거와 업무가 밀도 높게 얽힌 여의도는 서울의 동서남북 어디에서도 독보적인 입지를 갖는다.

따라서 여의도의 주거 시장 역시 장기 상승 압력을 품고 있다.

30~40년을 넘긴 대규모 아파트 단지들이 재건축 연한을 채우며 하나둘씩 리모델링 혹은 재건축을 추진하고 있다. 목동·반포와 마찬가지로 대단지의 희소가치가 강력한 매력으로 작용한다. 규제의 칼날이 닿는다고 해도 공급의 불확실성이 해소되기 전까지 여의도의 주거 수요는 쉽게 꺼지지 않을 것이다.

여의도에서 한 정거장을 이동해 당산동을 살펴보면 분위기는 또 달라진다. 당산동은 2호선과 9호선이 교차하는 더블 역세권으로, 올림픽대로와 서부간선 도로가 관통한다. 서울 서남권 교통의 허브라 불리는 이곳은 과거 유통·상업 중심지로만 여겨졌으나, 노후 다세대·다가구 밀집지가 재개발·재건축의 바람을 타며 고급 주거지로 변모하고 있다.

특히 당산역 일대의 대규모 정비 사업 프로젝트는 '제2의 성수동'으로 불리며 투자자의 주목을 끈다. 성수전략정비구역이 보여준 가격 상승의 사례는 당산에도 유효한 레퍼런스다.

양평동과 문래동의 변신은 더 극적이다. 한때 제철·기계·인쇄 공장이 즐비했던 이곳은 2000년대 이후 빠르게 문화예술 지대로 바뀌었다. 문래창작촌에는 카페, 갤러리, 디자인 스튜디오가 들어서며 '서울의 브루클린(Brooklyn)'이라는 별칭을 얻었다.

양평동 일대 역시 복합 개발이 속도를 내고 있다. 공업 지역 해제를 통한 주거·상업 복합단지 조성이 구체화되면, 도심 속에서 희소한 대규모 개발 여지를 가진 땅이기에 가치 상승의 잠재력은 막대하다.

이러한 영등포 변화의 밑바탕에는 '교통망 혁신'이 있다. 기존 2·9호선과 더불어 GTX-B 노선, 신안산선, 그리고 경전철 연계 계획까지 겹치며 서울 전역과 수도권을 잇는 접근성은 과거와 비교할 수 없을 정도로 강화되고 있다. 교통망의 혁신은 곧 주거 수요의 확대로 이어지고, 이는 재개발·재건축의 속도를 재차 끌어올리는 선순환을 낳는다.

서울 부동산의 다음 주인공

영등포가 주목받는 이유는 가격 상승 측면 때문만은 아니다. 영등포는 서울이라는 도시가 가진 공간적 제약과 부동산 시장을 둘러싼 정책적·경제적 환경이 만들어 낸 '다음 성장 축'이라는 상징성을 가진다.

첫째, 기존 핵심지의 규제와 가격이 수요를 밀어내며 풍선 효과를 일으켰다. 강남3구·용산·마포·성동 등 서울 핵심지가 규제 지역으로 묶이자 투자 수요는 자연스럽게 덜 주목받았던 영등포로 이동했다. 규제의 압력은 단기적으로 시장을 잠재우지만, 중장기적으로는 수요를 주변으로 분산시키는 결과를 낳는다. 영등포가 바로 그 수혜지다.

둘째, 정비 사업이 가능한 땅이 남아 있다. 재개발·재건축은 낡은 집을 새집으로 바꾸는 차원을 넘어, 지역의 생활 인프라를 재편하고 인구 구조를 바꾸는 도시 재생 프로젝트다. 특히 준공업 지역 해제와 복합 개발은 서울 도심권에서 희소한 대규모 주거·상업 공간을 공급할 수 있는 거의 유일한 기회로 평가된다.

셋째, 한강벨트 가치의 재평가다. 여의도·당산·양화·합정으로 이어지는 한강 변 개발은 이미 서울의 고급 주거지 수요를 흡수하고 있다. 강북의 한강 변이 마포·성수·용산으로 재편되었다면, 강남의 한강 변은 반포·잠원·압구정이 대표적이다. 영등포는 이들 양축을 잇는 새로운 프리미엄 주거지로 부상할 조건을 충분히 갖추었다.

이와 같은 사실을 토대로 투자자가 주목해야 할 포인트는 명확해진다. 여의도의 재건축 단지는 장기적으로 서울 핵심 재고 아파트의 가치 상승을 주도할 것이다. 당산·양평의 재개발은 준공업지 해제와 복합 개발을 통해 중대형 아파트와 고급 주거 단지가 새롭게 공급될 가능성이 높다. 문래창작촌 일대는 문화·예술·상업 기능이 결합된 라이프스타일 복합지로, 수요층 다변화에 따른 상업·주거 가치가 동시에 상승할 가능성이 크다.

물론 리스크도 분명하다. 가격 급등 시 강력한 규제 지역으로 지정될 수 있고, 재개발·재건축 과정에서 인허가 지연이나 조합 갈등이 발생할 수 있다. 외부적인 요인을 살펴보자면 글로벌 경기와 금리의 변동이 있을 경우 자금 조달 비용을 높여 투자 수익률을 압박할 것이다. 그러나 이러한 변동성은 오히려 장기적 투자자의 체력을 시험하는 무대이기도 하다.

서울의 부동산 시장은 늘 주기적이다. 강남에서 시작된 불씨가 마포와 성수, 그리고 용산으로 옮겨붙었듯이, 투자 수요의 물결은 다시 한번 새로운 해안을 찾고 있다. 과거 산업화의 심장에서 현재 금융·문화·주거의 삼박자를 갖춘 복합 도시로 진화한 영등포가 서울 부동산 지형의 '마지막 퍼즐'이 될 가능성이 크다.

서울 서남권의 심장이 다시 뛴다. 과거의 공업지대가 내일의 프라임 시티가 된다. 도시가 어디로 이동하며 수요는 어떻게 재편되고 있는지, 교통과 정비 사업이 어떻게 작동하는지 읽어 내는 눈은 곧 서울의 미래를 예견하는 바로미터가 된다. 심장 박동을 빠르게 감지하는 자에게 다음의 기회가 올 것이다.

05.
부동산 계급도로
단계적 전략을 수립하라

대한민국 땅은 모두 같은 시기, 같은 성책과 같은 금리 환경에 놓여 있지만 지역에 따라 그 움직임의 방향은 명확히 달라진다. KB부동산의 2025년 11월 매매가를 기준으로 삼아 서울 지역 3.3 m^2당 평균 매매가를 계급 형태로 정리한 부동산 계급도는 이러한 부동산 시장의 스펙트럼을 단적으로 보여 준다.

이 계급도는 서울을 6단계의 층으로 구분한다. 가격의 등급을 비교하는 것이 아니라 지역별 시장과 가치의 격차가 어떻게 짜여지는지 보여 주며 시장을 해석하는 힌트를 제공한다.

1억 원 이상	강남구, 서초구
8,000만 원 이상	송파구, 용산구
6,500만 원 이상	광진구, 마포구, 성동구, 양천구
5,000만 원 이상	강동구, 동작구, 영등포구, 종로구, 중구
3,500만 원 이상	강서구, 관악구, 동대문구, 서대문구, 성북구, 은평구
2,000만 원 이상	강북구, 구로구, 금천구, 노원구, 도봉구, 중랑구

표로 변환한 서울 부동산 계급도(2025년)

서울 계급 간 격차의 확대

서울 부동산에서 흔들리지 않는 최상위 계급은 역시나 강남구와 서초구다. 전용 면적 $3.3m^2$당 평균 매매가 1억 원 이상을 기록한 이 두 지역은 부동산 계급도에서도 '상급지'라는 타이틀을 다시금 공고히 했다. 단순히 높은 시세를 넘어, 주거 환경, 교육, 교통, 생활 인프라 등 여러 요인에서 국내 최고 수준의 가치를 지닌 곳으로 평가받으며 실제로 매매가는 2020년 이후 5년 만에 2,200만 원 이상 상승했다.

두 번째 계급에 위치한 송파구와 용산구는 평균 매매가 8,000만 원 이상으로, 강남구, 서초구와 약 2,000만 원의 차이를 보였다. 세 번째 계급은 광진구, 마포구, 성동구, 양천구이며 평균 매매가는

6,500만 원을 기록했다. 이후 네 번째부터 여섯 번째 계급으로 갈수록 매매가는 점진적으로 낮아지며, 마지막 계급인 강북구, 구로구, 금천구, 노원구, 도봉구, 중랑구 지역은 평균 매매가 2,000만 원 이상으로 집계되었다.

2020년과 비교했을 때 각 계급 간 상하위 격차는 점점 벌어지고 있다. 최상위 계급의 매매가는 5,000만 원에서 1억 원으로 상승했으나, 하위 계급의 상승 폭은 이에 훨씬 미치지 못했다. 이는 부동산 시장이 전반적인 가격 상승의 국면에 있는 것이 아니라, 특정 지역의 가치가 부의 상징으로 자리 잡으며 더욱 양극화되고 있음을 시사한다.

순위	광역 지자체	평단가
1	서울특별시	4,127
2	제주도	2,124
3	전국	2,110
4	경기도	1,881
5	세종특별시	1,766
6	인천광역시	1,500
7	대전광역시	1,357
8	대구광역시	1,294
9	울산광역시	1,179
10	경상남도	961
11	광주광역시	898
12	충청남도	896
13	충청북도	877
14	전북특별자치도	815
15	강원특별자치도	737
16	경상북도	704
17	전라남도	674

순위	경기도 시군	평단가
1	과천시	5,265
2	성남시	3,564
3	하남시	2,812
4	광명시	2,623
5	안양시	2,416
6	구리시	2,250
7	이왕시	2,019
8	수원시	1,933
9	용인시	1,817
10	부천시	1,810
11	군포시	1,795
12	화성시	1,758
13	고양시	1,698
14	안산시	1,624
15	광주시	1,467
16	김포시	1,438
17	시흥시	1,435
18	남양주시	1,404
19	의정부시	1,299
20	파주시	1,233
21	오산시	1,192
22	평택시	1,158
23	이천시	981
24	양평군	926
25	양주시	894
26	안성시	812
27	여주시	756
28	동두천시	747
29	포천시	742
30	가평군	622
31	연천군	448

광역 지자체와 경기도 시·군의 아파트 평균 시세(2024년)

전국적 관점에서 본 수도권과 지방의 격차

서울을 넘어 전국 단위로 분석해 보면 수도권과 지방 간의 격차는 더욱 극명하다. 2024년 기준 서울의 $3.3m^2$당 평균 매매가는 약 5,925만 원으로 전국 1위를 차지했으며, 제주도가 2,000만 원대로 뒤를 이었다. 반면, 충청북도, 강원도, 전라남도와 전라북도 등 지방의 매매가는 800만~900만 원대에 머물러, 지역 간 격차는 최대 4,000만 원으로 벌어졌다.

특히 수도권의 경우는 실수요를 중심으로 인구 유입이나 일자리, 인프라가 누적되며 안정세를 유지하는 반면 지방은 수요 자체가 감소하며 하락세가 이어지고 있다. 부동산 시장의 이러한 양극화는 지역 선호도와 입지 조건, 미래 가치 차이에 따라 더욱 심화될 가능성이 크다.

서울과 함께 주목받는 경기도의 위상

등급	경기도 시 · 군 · 구
황제	과천시
성골	성남시 분당구, 성남시 수정구
진골	하남시, 성남시 중원구, 광명시
귀족 1	안양시 동안구, 수원시 영통구
귀족 2	구리시
귀족 3	안양시 만안구, 용인시 수지구, 의왕시
귀족 4	수원시 팔달구, 부천시 원미구
호족 1	군포시, 고양시 덕양구, 고양시 일산동구, 화성시
호족 2	부천시 소사구, 안산시 단원구, 용인시 기흥구
호족 3	수원시 권선구, 안산시 상록구, 수원시 장안구, 고양시 일산서구
호족 4	광주시, 김포시, 시흥시, 남양주시, 부천시 오정구
호족 5	의정부시, 용인시 처인구, 파주시
호족 6	오산시, 평택시
일반 1	이천시, 양평군, 양주시, 안성시
일반 2	여주시, 동두천시, 포천시
일반 3	가평군
일반 4	연천군

경기도 부동산 계급표(김학렬, 《경기도 부동산의 힘》, 2025)

서울과 함께 주목받는 지역은 경기도다. 경기도 부동산은 서울에 비해 소액으로 시작하면서도 충분히 서울까지 진출할 수 있는 현실적인 통로의 기능을 한다. 서울과 생활권이나 교통권을 공유하면서도 상대적으로 진입 장벽이 낮기 때문에 투자자와 실수요자들에게 매력적인 선택지가 될 수 있다. 경기도 각 지역의 위상을 체계적으로 정리한 계급표는 가격 비교를 넘어 입지, 수요, 인프라, 미래 가치 등을 포함하는 자료이다.

계급표는 각 지역의 격차를 가르는 것이 아니라, 현 위치를 명확하게 인식하고 다음 단계로 이동하기 위한 전략을 세우는 지표에 가깝다. 서울 핵심지에 곧바로 진입할 수 없더라도 서울과 생활권을 공유하는 경기도에서 단계적 이동을 꾀하는 것도 현실적인 전략이 될 수 있을 것이다.

2025~2026년 이후 부동산 시장은 어떤 형태로든 새로운 전환점을 맞이할 것이다. 서울과 수도권의 핵심 지역에 투자 가치는 여전히 높게 평가받겠지만, 지방 시장의 안정화와 균형을 위한 전략이 없다면 불균형은 더 심화될 가능성이 크다. 이러한 시점에서 투자자와 실수요자들은 각 지역의 입지와 미래 가치를 꼼꼼히 분석하고, 장기적인 관점에서 전략을 수립하는 것이 중요하다.

06.
실거주는 '오를 집'이 아니라
'버틸 집'을 골라라

부동산은 늘 미래를 말한다. '어디가 뜬다', '새 노선이 뚫린다', '정비 사업이 빨라진다' 같은 문장들이 새로운 희망을 이야기하지만, 시장을 이기는 사람은 희망이 아니라 현실을 보는 사람들이다. 중요한 것은 예측이 아니라 목적에 맞는 선택을 하는 일이다. '남들이 가는 곳이 정답'이라는 착각을 버리고, 목적과 그에 따른 리스크를 체크하면 입지는 자연스럽게 좁혀진다. 그 좁혀진 범위 안에서 비로소 '구체적인 단지'와 '합리적인 가격'을 논하면 되는 것이다. 시장은 언제든 변하지만, 기준이 단단하면 선택은 무너지지 않는다.

부동산 매수에는 실거주, 갈아타기, 투자나 임대 등의 다양한 목적이 있다. 그중에서 실거주가 목적일 경우에는 갈아타기나 투자·임대를 위한 매수와는 다른 시각이 필요하다. 실거주는 매매가나 시세 차익만으로 가치를 설정하는 것이 아니다. 내가 매일 지불하는 시간과 체력, 생활 동선이나 일상에 소모되는 감정의 비용까지 포함한 총합으로 바라봐야 한다. 특히 변동성이 큰 시기일수록 '호재가 있다'는 타인의 말보다는 '내가 살아도 괜찮다'는 자기 확신이 훨씬 가치를 갖는다. 실거주자는 시장의 파도 위에서 떠다니는 것이 아니라, 생활권의 바닥을 단단하게 밟고 있어야 한다.

실거주 5대 체크 포인트

실거주를 위한 매수를 할 때 서울은 도심·한강 핵심 생활권을 찾고, 수도권은 일자리 연계 생활권(분당·판교, 과천 등)처럼 '완성형 인프라'를 찾는 것이 좋다. 구체적으로 다섯 가지 체크 포인트를 살펴보자.

첫째, 통근 시간의 현실성이다. 실거주 가치의 출발점은 바로 통근이다. 여기에서 말하는 통근은 단순히 집과 회사 사이의 직선거리를 구하라는 것이 아니다. 환승 동선, 배차 간격, 혼잡, 주차·도보 구간까지 포함한 내 몸의 체감 시간을 재 봐야 한다. 통근이 힘들어지면 실거주하는 집은 벌칙이 되어 버린다.

질문: 출근 시간대 기준으로, 문을 나서서 자리 앉기까지 몇 분인가?
기준: 제일 빠른 시간이 아니라, 일주일 내내 평균적으로 반복 가능한 시간이어야 한다.

둘째, 교육과 돌봄의 지속성을 생각해 봐야 한다. 초등학교 통학로의 안전, 중학교와 고등학교의 배정, 사교육 접근성, 돌봄 인프라(도서관·체육 시설·학습 공간)는 실거주의 가격 방어력과 직결된다. 학군은 인기나 점수의 문제가 아니다. 거주 기간 내내 꾸려 나갈 삶의 형태를 만드는 요인이다. 따라서 선호를 넘어 수요의 지속성이 있는지 검토해야 한다.

질문: 통학이 '가능'한가가 아니라 '안전'한가?
기준: 학군이 강한 곳일수록 하락장에서도 덜 흔들린다.

셋째, 생활 인프라의 완성도를 따져 봐야 한다. 병원, 마트, 공원, 관공서, 문화 시설이 '있다'와 '가깝다'는 전혀 다르다. 실거주자는 시설의 존재가 아니라 동선의 효율을 사는 것이다. 호재가 있는지가 아니라, 현재의 생활 편의성이 더 중요하다. 실거주는 미래가 아니라 현재를 기준으로 따져야 한다.

질문: 도보 10~15분 안에 생활의 필수 항목이 완성되는가?

기준: 개발되면 좋아진다가 아니라, 지금도 충분히 살 만한가가 기준이어야 한다.

넷째, 상품성과 관리의 피로도를 고려해야 한다. 신축이나 준신축이 선호되는 이유는 단지 '새것'이기 때문이 아니다. 주차, 커뮤니티, 단열, 층간 소음, 엘리베이터 동선 등 관리 체계가 거주의 피로도를 결정힌다.

질문: 주차 공간은 충분한가? 엘리베이터 동선은 효율적인가? 관리비가 합리적인가?

기준: 실거주자는 가격이 아니라 피로를 줄이는 환경을 사야 한다.

5번째는 재무 안정성 스트레스를 테스트해 보는 것이다. 이때는 가장 나쁜 시나리오로 계산해 봐야 한다. 실거주에서 대출은 '가능

여부'를 따지는 것이 아니라 '감당할 수 있는지'의 문제다. 가계의 안전 마진이 확보된 선택만이 '살기 좋은 곳에 머무는 전략'을 가능하게 한다.

> 질문: 금리가 1~2%p 더 올라가도, 소득이 줄어도, 가족의 이벤트가 생겨도 버틸 수 있는가?
> 기준: 실거주자가 무너지는 순간은 대개 집값이 아니라 현금 관리의 실패에서 시작된다.

실거주의 매물을 선택할 때는 위의 다섯 가지 체크 리스트를 반드시 고려하자. 실질적으로 결론은 단순하다. 실거주는 '오를 가능성'이 아니라 '흔들려도 무너지지 않는 가능성'을 사는 일이다. 부동산 상급지로 이동하기 위해서라든가, 호재와 수요에 따라 투자나 임대를 목적으로 하는 매수가 아니므로 자신의 삶을 기준으로 가장 확실하고 단단한 선택을 해야 한다. 삶의 바닥이 단단하면 시장의 파도도 두려움이 아닌 소음에 불과하다.

규제 안에서 움직이는 법을 아는 투자자가 살아남는다

부동산 시장은 언제나 정책에 민감하게 반응한다. 특히나 규제 정책은 단기적으로 심리를 얼어붙게 만들거나 거래를 멈추게 하는 신호로 작용하기도 했다. 2025년 10월 15일, 정부는 '10·15 부동산 규제'를 통해 서울 전역과 경기 일부를 조정대상지역과 투기과열지구, 토지거래허가 구역으로 묶으면서 강력한 3중 규제를 실시하겠다고 밝혔다. 대출 한도가 줄고 규제는 강화되면서 시장의 불안한 반응도 컸다.

하지만 정책 발표 직후의 시장 흐름은 예상과 달랐다. 불과 일주일 뒤에 발표된 한국부동산원 주간 동향에 따르면 전국 아파트 매매 가격은 0.12% 상승했고 서울은 0.50% 급등하며 전국 상승세를 주도했다. 특히 강남권(+0.57%)과 분당(+1.78%), 과천(+1.48%) 등 이른바 '정책 규제의 정중앙'이 오히려 가장 강한 상승세를 보였다. 이러한 현상이 시사하는 바는 명확하다. 규제는 수요를 멈추게 할 수 없고, 공급 부족은 여전히 가격을 밀어 올리고 있다는 것이다.

이미 서울의 상승세는 더 이상 단기적 반등이라고 할 수 없다. 입주 물량이 급감하는 시점에 전세 수요가 밀려들면서, 갭이 좁아지고 실수요 중심의 매수세가 형성되고 있다. 강남·서초·송파를 비롯한 전통 강세 지역은 물론, 재건축 추진 단지가 몰린 분당과 과천이 주간 단위로 1%대 중후반의 상승폭을 기록했을 정도다. 반면 외곽 지역은 정체 내지 소폭 상승에 그치며 양극화가 심화되는 구조적 장세를 보였다.

전세 시장 또한 수도권을 중심으로 +0.13%(서울), +0.09%(경기)를 기록하며 안정적으로 오름세를 유지했다. 임대차 시장의 견조함이 매매 시장의 하방을 지탱하고 있는 셈이다.

규제의 충격파와 반작용

2025년 10월 15일 정부가 발표한 초강력 '주택 시장 안정화 대책'은 시장을 긴장시켰다. 서울 전 지역과 경기 12개 주요 도시가 토지거래허가 구역으로 묶이면서, 사실상 서울 수도권 전역이 '허가 없이 거래 불가능한 구역'으로 바뀌었다. 매수자는 실거주 목적이 아니면 허가를 받을 수 없고, 세입자가 있는 집은 거래 자체가 막혔다. 여기에 LTV·DSR 규제까지 얹어지면서 '돈과 시간의 장벽'이 생겨났다.

그런데 아이러니하게도, 이러한 규제는 단기적으로 가격 하락보다 '거래 절벽'과 '호가 경직'을 초래했다. 시장에 매물은 줄었고 급매는 사라졌다. '살 수 있는 집'이 사라지면 시장은 스스로 방어 모드에 들어간다.

서울과 자치구들은 "모든 지역을 한꺼번에 규제하면 재건축·재개발 사업이 멈춘다"는 이유로 즉각 반발했다. 이는 행정 논쟁을 넘어 수도권 공급 정책의 속도전 문제로 이어질 것이다. 규제가 길어지고 공급이 늦어질수록 그 부담은 다시 가격으로 돌아올 가능성이 높다.

또한 2025년 10월 23일에는 한국은행 금융통화위원회가 기준 금리를 연 2.50%로 세 번째 동결했지만 이는 완화 신호라기보다 '유보'에 가깝다. 원화 약세와 부동산 재상승이 동시에 나타나는 상황에서 금리 인하를 서두르기는 어렵다. 즉 통화 정책이 규제 정책을 뒷받침하는 모양새라고 할 수 있다. 부동산 수요 억제의 일차적 수단이 금리였다면, 이제는 정책 규제와 행정 절차가 직접적인 수요 통제 수단으로 전환되고 있는 것이다.

규제와 상승이 공존하는 시장의 메커니즘

이렇게 강한 규제 속에서도 집값이 떨어지지 않는 이유가 뭘까? 그 답은 '공급 절벽'과 '전세 시장의 되돌림 효과'에 있다. 서울의 연평균 입주 물량은 3만 3천 세대 수준이었지만, 2026년 1만 8천 세대, 2027년 8,500세대, 2028년 5,400세대, 2029년 1천 세대로 급감할 전망이다. 이는 평균의 1/2, 1/4, 1/6, 그리고 1/30로 줄어드는 수치다.

이 상황에서 학군과 교통, 직주근접 요건을 충족하는 살 만한 집은 점점 귀해지고, 규제는 오히려 매물 공급을 더 위축시키게 된다. 결국 시장은 규제를 '가격 하락 요인'이 아니라 '공급 억제 요

인’으로 받아들이는 것이다. 이것이 바로 정책과 시장이 어긋나는
핵심 원인이다.

향후 시장은 세 갈래 길 위에 서 있다. 규제를 그대로 유지하고
금리 동결을 지속하는 기본 시나리오로 가게 된다면, 거래는 감소
하지만 핵심 입지의 가격은 유지되고 외곽 조정은 이어질 것이다.
만일 일부 허가 구역을 해제하거나 예외를 확대하는 ‘완화 시나리
오’로 간다면 거래가 재개되면서 일시적 반등 가능성을 바라볼 수
있다. 또 환율과 성장률 둔화가 심화되며 ‘경고 시나리오’로 이어
진다면 추가 긴축 기조로 외곽과 비선호 지역을 중심으로 한 하락
압력이 확대될 것으로 보인다.

현재로시는 규제를 유지하면서 부분직으로 보완하는 기조로 가
게 될 가능성이 높은데, 이는 시장의 관망세를 길게 만드는 동시에
양극화를 더욱 심화할 것이다.

투자자와 실수요자가 해야 할 일

지금은 규제 환경에 적응하는 전략이 필요하다. 타이밍을 재기
보다는 ‘허용 가능한 선택지’를 찾아야 하는 시기다. 허가 구역 내

실거주 의무, 세입자 거래 제한, 대출 한도 등의 세부 조항을 숙지하고 거래 가능성을 계산해야 한다. 실수요자라면 전세가율이 높은 역세권과 학군지 중에서 입주 물량이 적은 단지를 선별하여 접근하는 것도 방법이다.

반면 투자자는 비주택(오피스텔·도생) 대출 규제 파급을 고려해 현금 흐름형 자산, 즉 NOI(순영업이익)이 안정된 임대 상품을 고려할 필요가 있다. 2026~2028년에 있을 입주 절벽 시기를 고려한다면 지금 확보한 주택이 향후 몇 년간 희소성을 갖게 될 가능성이 높다. 즉 규제가 심한 지금이 오히려 '선별된 매수의 기회'가 될 수도 있다는 뜻이다.

규제와 공급, 정책과 시장의 줄다리기 속에서 흔들리기보다는 빠르게 적응하여 기회를 찾아야 한다. 진짜 기회는 '전체 흐름이 아닌, 국지적 틈새'에서 만들어진다. 이제 중요한 질문은 '사느냐, 마느냐'가 아니라 '어디를, 어떤 조건으로, 언제 사느냐'가 핵심이 된다.

정책과 금리가 변해도 주택이 가진 희소성은 변하지 않는다. 지금 시장은 '새로운 선별의 시대'에 들어서고 있다. 이 시대에 살아남는 투자자는 규제 안에서 움직이는 법을 아는 사람이 될 것이다.

08.
3중 규제의 시대, '위기 속 기회' 전략 가이드

최근 대한민국 부동산 시장은 실수요자에게 사상 초유의 난제를 제시하고 있다. 10·15 부동산 대책으로 서울 전역과 경기 12개 지역이 조정대상지역·투기과열지구·토지거래허가 구역의 3중 규제로 묶이면서, LTV 40%, DSR 40%, 전세 대출 한도 축소 등 금융·세제·청약 전방위 규제가 실수요자의 내 집 마련을 어렵게 만들고 있다. 하지만 위기는 곧 기회다. 이를 한계로만 바라보는 것이 아니라 이제 '어떤 방식으로 집을 사야 하는가'라는 새로운 질문을 던져야 할 때다.

규제를 극복하는 새로운 관점이 필요하다

3중 규제 시장에서 실수요자가 가장 먼저 직면하는 문제는 대출 한도 축소다. 규제 지역(서울 25개 구, 경기 12개 지역)에서는 LTV가 40%로 제한되어, 15억 원 주택 기준 최대 6억 원, 25억 원 초과 주택은 2억 원까지만 대출이 가능하다. 반면 김포·동탄·파주 등 비규제 지역에서는 LTV 70%가 적용되어 동일한 자금으로도 선택의 폭이 훨씬 넓다.

총부채원리금상환비율(DSR) 40% 규제는 1억 원 이상 대출에 전국 어디서나 적용되어, 연 소득 8,000만 원 가구는 연간 원리금 상환액이 3,200만 원을 초과할 수 없다.

이를 극복하는 첫 번째 방법은 정책 금융 상품을 활용하는 것이다. 디딤돌대출, 보금자리론, 신생아특례대출 등은 DSR 예외 대상이거나 우대 적용을 받아 대출 한도를 실질적으로 높일 수 있다. 특히 생애 최초 주택 구입자는 소득 7,000만 원 이하 기준 연 2%대 저금리로 최대 2억 4000만 원까지 대출이 가능하며, 신혼부부·신생아 가구일 경우에는 최대 3억 원까지 지원받을 수 있다.

두 번째 전략은 부부 소득 합산과 대출 기간 연장이다. 맞벌이

부부의 경우 소득을 합산해 DSR 비율을 낮추고, 대출 기간을 10년 이상 장기로 설정하면 연간 상환액이 줄어 DSR을 통과할 확률이 높아진다.

세 번째는 보증 기관을 선택할 때 꼼꼼하게 비교하는 것이다. HUG(주택도시보증공사)나 HF(한국주택금융공사)를 통한 대출은 SGI서울보증보다 DSR 기준이 완화되는 경우가 많아, 대출 신청 전 보증 기관을 비교하는 것이 필수다.

각종 제한과 금지 시대의 대안

3중 규제로 갭 투자가 전면 금지되었지만, 실수요자는 여전히 전세를 활용할 수 있다. 현재 거주 중인 전세 물건을 매수하거나, 전세가율이 70% 이상인 지역에서 기존 세입자의 전세금을 승계하는 방식으로 초기 자금 부담을 크게 낮춘다.

인천 계양구(74.1%), 경기 이천(83.5%), 여주(81%) 등은 전세가율이 높아 실수요자에게 유리한 지역이다. 다만 전세 대출은 수도권 1주택자 기준 2억 원으로 한도가 축소되었고, 3억 원 초과 아파트 취득 시 전세 대출이 제한되므로 자금 계획 시 반드시 고려해야 한다.

10·15 대책 이후 가장 뚜렷한 현상은 비규제 지역으로의 수요 집중이다. 김포는 규제 지역에서 제외되면서 청약 수요가 급증했고, 화성 동탄, 파주 운정, 평택 고덕 등도 분양가 상한제 적용과 완화된 대출 조건으로 실수요자의 대체 투자처로 급부상했다. 이들 지역은 GTX-A(운정·동탄), GTX-B(남양주·인천), GTX-C(수원·양주) 등 광역교통망 개통으로 서울 접근성이 개선되는 호재를 보유하고 있어, 중장기적으로 가치 상승이 기대된다.

또 비규제 지역 혜택으로 LTV 70%, 추첨제 비중 확대 등 청약 부담이 낮아졌다. 인천 송도국제도시는 글로벌 기업 입주와 외국인학교 등 생활 인프라가 우수하고, 파주, 고양은 지하철 3호선 연장과 스타필드 등 편의 시설로 강동·송파 생활권과 연계되는 장점이 있다.

서울을 포기하는 것이 아니라, 다른 전략이 필요하다

서울을 완전히 배제해야 하는 것은 아니다. 서울 내에서도 얼마든지 전략적 접근이 가능하다. 신축 아파트 가격이 치솟은 강남권을 포기하고 구축 아파트 중심으로 학군·교통 여건이 양호한 준상급지를 노리는 것이다.

예를 들어 9억 원 이하 예산으로 신축급을 찾는다면 중랑구·강북구가 후보가 되지만, 동일 금액으로 구축을 선택하면 성북구·광진구처럼 도심 접근성이 더 좋은 지역을 선택할 수 있다. 특히 재개발·재건축이 진행 중인 지역은 장기적으로 신축 프리미엄을 기대할 수 있어, 초기 투자 비용은 낮으면서도 미래 가치가 높다.

서울 강북·노원·성북의 재개발, 강남·서초의 재건축은 GTX-C 노선 개통과 맞물려 교통 혁신이 예상되며, 용산·성수·마포 등 도심 재개발은 이미 가격이 높지만 입지 프리미엄이 확실하다. 다만 재건축·재개발 투자는 조합원 분담금 부담(일부 구역 10억 원 이상)과 사업 지연 리스크를 반드시 감안해야 한다.

또한 GTX 개통은 수도권 부동산 지도를 재편하고 있다. GTX-A는 이미 일부 구간이 개통되어 운정·일산·동탄에서 강남까지 30분 내 이동이 가능해졌고, 착공 지역 아파트 매매가는 2024년 대비 2025년 30% 상승했다. GTX-B(2030년 목표)는 인천·남양주의 서울 접근성을 획기적으로 개선하며, GTX-C(2032년 목표)는 수원·금정·의정부·양주를 강남권과 직결한다.

특히 창릉신도시가 포함된 고양시 덕양구는 GTX-A 창릉역으로 강남 15분, 고양선 신설로 서울과의 연결성이 강화되어 분양가 대비 가치 상승 여력이 높다. 실수요자는 GTX 역세권 신축 단지를 우선 검토하되, 개통 시점(2028~2030년)까지의 거주 계획을 함께 고려해야 할 것이다.

시장을 이기려 하지 말고 시장과 함께

3중 규제 시장에서는 단기 시세 차익보다 장기 실거주 가치를 우선해야 한다. 투자자들이 규제로 시장을 떠나고 있는 지금이 오히려 실수요자에게는 경쟁이 줄어든 기회다. 시장 최저점을 맞추려 하기보다, 본인의 직장·자녀 교육·생활 편의에 맞는 입지를 선택하고, 최소 5년 이상 보유 전제로 안정적인 가격에 매수하는 것이 성공 확률을 높인다.

부동산은 '타이밍'보다 '준비'가 중요하다. 평소 관심 지역을 정해 두고 임장(현장 방문)을 다니며, 실거래가와 호가를 비교하고, 부동산 중개업소와 관계를 형성하며, 대출 서류와 청약 조건을 미리 점검해 두면, 급매나 좋은 분양이 나왔을 때 빠르게 의사 결정할 수 있다. 정보는 빠른 사람에게 기회가 돌아가므로, 꾸준히 모니터링하는 습관이 필수다.

　부동산 3중 규제 시장은 실수요자에게 분명 어려운 환경이지만, 동시에 투기 수요가 줄어들고 정책 지원이 확대되는 전환기이기도 하다. 규제 지역을 무조건 고집하기보다 비규제 지역의 GTX 호재를 활용하고, 신축 프리미엄보다 구축 아파트의 가성비를 선택하며, 대형 평형보다 소형 평형의 실용성을 추구하는 유연한 전략이 성공의 열쇠다. 부동산 시장이 규제 강화와 공급 부족, 금리 안정이 교차하는 복잡한 국면을 맞이했으나 준비된 실수요자에게는 '위기 속 기회'가 분명히 존재할 것이다.

09.
늙어 죽을 때까지
살고 싶은 곳은 어디인가

흔히 노후를 떠올릴 때 '은퇴 후에는 공기 좋은 시골에 가서 전원주택 짓고 살고 싶다'는 이야기를 많이 한다. 하지만 실제 대한민국 소득 상위 1%의 65세 이상 어르신들은 정반대의 선택을 하고 있는 것으로 나타났다. 900만 명의 빅데이터를 바탕으로 분석한 바에 따르면 소득이 높은 고령층은 자연이 아니라 '입지'를 선택한다. 노년의 선택은 감성의 문제가 아니라 건강과 생존의 문제에 가깝기 때문이다.

대한민국 상위 1% 노인들은 어디에 살까

젊은 부자나 늙은 부자가 공통으로 선택하는 부동의 1위 입지는 단연 강남구와 서초구다. 그야말로 흔들리지 않는 '부의 본진'이라고 할 수 있겠다. 시간이 지나도 강남과 서초 위주의 수도권 집중 현상은 여전히 유지되고, 오히려 강해지고 있다. 다만 흥미로운 차이는 일반 고소득층의 강남 거주 비율은 계속 증가하는 반면(2004년 7.64% → 2022년 9.85%), 고령층 고소득자는 이미 자리를 잡고 있어 비율 변동이 크지 않다는 점이다.

이는 한번 진입하면 늙어 죽을 때까지 떠나지 않는 곳이 바로 강남·서초라는 뜻이다. 국내 최고 수준의 병원 접근성과 편리한 교통, 그리고 비슷한 수준의 커뮤니티가 형성된 곳이기 때문이다. 나이가 들수록 삶의 질을 좌우하는 것은 '인프라'가 생명이라는 걸 보여 주는 현상이다.

일반적인 고소득층과 달리 고령층 상위 1%의 거주지 순위를 들여다보면 독특한 지역들도 눈에 띈다. 대표적인 곳은 종로구다. 젊은 부자들은 분당이나 용산 등으로 이동했지만 어르신들은 여전히 종로구를 선호하며 머무르고 있다. 새롭지는 않지만 구도심의 역사성과 익숙함이 심리적 안정을 주기 때문으로 보인다.

또 용인 수지구는 2000년대 중반부터 부유한 은퇴자들의 거주지로 떠올라 실버타운의 메카가 되었다. 고령층에서 일반 인구보다 훨씬 높은 순위와 안정적인 선호도가 나타나는 지역이다.

수도권 집중화 속 지방의 자존심

수도권으로의 집중이 심화되는 와중에도 지방에서 유일하게 살아남은 '슈퍼 리치'의 요새는 바로 대구 수성구와 부산 해운대구다. 2020년 이후 비수도권에서 상위 1%가 집적된 곳은 사실상 이 두 군데로 정리된다. 특히 해운대구는 시그니엘 등 고급 주거 시설이 들어서며 순위가 계속 상승하고 있다. 은퇴 후 바다를 보며 도심의 인프라를 누리고 싶은 수요가 반영된 것이다.

대전에서는 과거 상위권이었던 유성구도 일반 고소득층 순위에서는 밀려났지만, 고령층 고소득자에게는 여전히 20위권 이내에 머물며 인기를 유지하고 있다. 이는 과학·연구 단지 은퇴자들의 선호가 반영된 것으로 보인다.

상위 1%의 '슈퍼 리치'와는 결이 다르지만 안정적인 노후를 보내는 직역연금 수급자(공무원, 군인, 사학연금 등)들의 선택도 주목할 만하다. 이들은 화려하진 않지만 안정적인 중산층의 표본이라고 할 수 있는데, 서울 강남보다는 과천, 대전 유성구, 세종시, 계룡시 등 행정 및 군사 도시에 골고루 퍼져 살고 있다.

그중에서도 고령층 직역연금 소득자 비율이 가장 높은 곳은 '충남 계룡시'로, 은퇴 군인들이 모여 살며 쾌적하고 안정적인 커뮤니티를 형성하고 있다. 연금 소득을 바탕으로 여유롭게 살며 은퇴 생활의 질을 높일 수 있는 '가성비 최상급지'인 셈이다.

결국 노후에 살고 싶은 곳은 그저 경치 좋고 공기 맑은 곳이 아니다. 자산이 충분하다면 대한민국 최고의 의료와 편의 시설이 집중된 압도적 인프라를 누릴 수 있는 강남과 서초, 종로나 용인 수지처럼 익숙한 '전통 부촌'이나 실속과 안성을 누릴 수 있는 과천, 세룡, 유성과 같은 행정 도시가 노년의 최상급 입지로 선호되고 있다.

입지는 젊을 때는 기회가 되지만 노년에는 삶의 질을 높이고 단단한 자산 가치를 유지시켜주는 장치가 된다. 노후에 머물 만한 '진정한 명당'은 어디인가, 진짜 살고 싶은, 내가 꿈꾸는 노후의 입지는 한 번쯤 미리 생각해 볼만한 문제다.

2025년 하반기부터 서울 아파트 시장에서 자녀에게 주택을 증여하는 사례가 늘고 있다. 이는 '앞으로 집값이 더 오를 것'이라는 기대감과 '지금이 세제 혜택을 누릴 수 있는 마지막 시점일 수도 있다'는 절박함이 맞물린 결과다. 특히 강남이나 서초 등 서울 주요 지역을 중심으로 신고가 경신이 이어지면서, 자산가들 사이에서는 '더 늦기 전에 자녀에게 물려주자'는 심리가 강하게 작용하고 있다.

핵심적인 가장 큰 이유는 증여세 과세 표준이 되는 집값(감정가 또는 시가)이 계속 오르고 있기 때문이다. 증여세는 증여 시점의 가액을 기준으로 매겨진다. 앞으로 집값이 더 오를 것이 확실시된다면 조금이라도 가격이 낮은 '지금' 증여하는 것이 이후의 세금 수억 원을 아끼는 방법이 될 수 있다.

특히 강남 3구와 마용성(마포·용산·성동) 등 핵심지의 집값 상승세가 두드러지면서, 이들 지역을 중심으로 나중에는 증여세조차 감당하기 어려워질 수 있다는 우려도 선제적 증여를 부추기는 원인으로 작용하고 있다.

세금과 규제에 따른 선택

자녀 증여가 늘어나는 추세의 원인 중에는 정책적인 데드라인도 있다. 현재 시행 중인 '다주택자 양도소득세 중과 한시적 배제 조치'는 2026월 5월에 종료된다. 이 제도가 끝나면 다주택자가 주택을 매도할 경우 최고 82.5%(지방세 포함)에 달하는 징벌적 세율이 다시 적용될 수 있다. 따라서 시장에 급매로 팔기보다 어차피 물려줄 자산이라면 아직 현재의 제도가 살아 있을 때 부담부 증여 등을 활용해 세금을 낮추고 자녀에게 물려주는 쪽을 택하는 것이다.

또한 정부에서 스트레스 DSR 2단계 등 강력한 대출 규제를 시행하면서 자녀 세대가 스스로의 소득만으로 서울의 아파트를 매수하는 것이 사실상 불가능해지고 있다. 직접 대출을 받아 매수를 할 수 없는 상황이 되니 부모가 집을 사주거나 보유하고 있는 집을 물려주는 식으로 자산 이전의 시점을 앞당기게 되는 것이다. 이는 사실상 '부의 대물림'이 아니라면 서울 진입이 어려운 현실을 반영하는 현상이기도 하다.

마지막으로 이는 부담부 증여를 활용하는 전략적 선택이기도 하다. 전세 보증금이나 기존 대출을 함께 넘기는 부담부 증여는 여전히 유효한 절세 수단으로 활용되고 있다. 이때 채무(전세금·대출) 부분은 자녀가 갚아야 할 빚이므로 '양도'로 보고, 나머지만 '증여'로 본다. 이를 활용하여 양도세율이 증여세율보다 낮은 구간을 적용하거나, 앞서 언급한 '양도세 중과 배제' 혜택을 함께 적용받으면 전체적인 세금 부담이 크게 낮아진다.

결론적으로 서울 아파트 증여가 늘어나고 있는 것은 '집값 상승기 초입'이라는 시장 판단과 '규제 완화 종료 임박'이라는 정책적 데드라인이 겹치면서 나타난 현상이다. 자산가들은 세금을 내더라도 핵심 입지의 '똑똑한 한 채'를 자녀에게 넘겨주는 것이 장기적으로 이득이라는 판단을 하고 있는 것이다.

3장.

재편되는 시장, 돈의 방향은 바뀐다

01.
서울 공급 절벽 이후 살아남는 알짜 부동산의 조건

한두 해 전까지만 해도 수도권을 기회의 장으로 바라볼 수 있었다면, 지금은 한 문장이 더 필요하다. 바로 "기회는 넓어졌지만, 아무 데나 사면 '기회'가 아니라 '정체'가 된다"이다.

지금의 수도권은 서울의 공급 부족이라는 거대한 물줄기가 만들어 낸 시장이다. 그 물줄기는 모든 곳에 고르게 흘러가는 것이 아니라 교통·정비·학군·일자리가 갖춰진 곳으로만 흐른다. 따라서 '어중간한 곳' 대신 '확실한 곳'에 투자해야 할 것이다.

이미 숫자가 말하고 있다

2026년 2월 초 기준으로 수도권 가격 흐름은 매매와 전세가 모두 상승 방향을 가리키고 있었다. 여기에서 중요한 것은 상승률의 크기가 아니라 방향이다. 거주 수요의 바로미터인 전세가 먼저 오르고 그 부담이 결국 매매로 번지는 모습은 시장이 반복해 온 패턴이기도 하다.

이 문제가 반복되는 원인은 본질적으로는 공급 부족이다. 서울은 지금 살 집이 부족해지는 방향으로 굳어가고 있다. 서울에서 밀려난 수요는 서울과 맞닿아 있고, 서울처럼 살 수 있는 곳으로 이동한다. 그 선별 과정이 곧 '알짜 부동산'을 가르는 기준이 된다.

또한 2026년 들어 기준금리 2.50%가 유지되며 급격한 금리 충격의 가능성이 낮아졌고, 시장은 다시 '살 수 있는 사람'부터 움직이기 시작했다. 그러나 가계부채나 DSR 체감이 여전히 강한 만큼 현재는 '상승장'이라기보다 '선별장'이라고 봐야 한다. 다 오르는 것이 아니라 '살기 편한 곳만 오르는' 장이다.

정부에서 1·29 대책을 통해 도심 우수 입지 중심으로 총 6만 호를 공급하겠다는 카드를 제시했지만, 당장의 전세난이나 매물난

을 해소하기는 어렵다. 지금으로서는 공급 대책을 호재로만 볼 것
이 아니라 오히려 공급이 늦어지는 동안 버틸 수요가 어디로 몰리
는지를 봐야 한다.

'알짜'를 가르는 4대 조건

과거 알짜 부동산의 3요소가 신도시, 교통, 교육을 꼽았다면 지
금은 4요소로 업그레이드하여 체크해야 한다.

첫째는 도시에 '성장 엔진'이 있는지 확인하는 것이다. 신도시
정비, 노후된 계획도시 재정비, 대규모 개발 사업 등은 도시에 성
장 엔진을 다는 계기가 된다. 다만 도시 전체가 아니라 역세권, 학
군, 대단지의 정비 속도가 중요하다. 같은 신도시라도 정비 추진
동력이 어느 정도인가에 따라서 결과가 갈리게 된다.

둘째, 교통은 '계획'이 아니라 '현실'의 단계에 있어야 한다. 교통
망의 평가는 세 단계로 나뉜다. 이미 개통된 노선, 국가가 확정하
고 관리 중인 노선, 변수와 지연 가능성이 큰 노선이다. 같은 GTX
기대권이라고 해도 이 세 노선의 가격 반응은 완전히 다르다. 교통
에 투자하는 것은 지도 위에 그어진 노선도가 전부가 아니다. 완공

까지 걸리는 시간과 불확실성을 통제하는 리스크 관리의 영역으로 다가가야 한다.

셋째, 교육과 생활 인프라는 강력한 방어력이다. 인구 감소 시대에 학생 수가 준다고 해도 좋은 학군·학원가·생활 인프라가 있는 곳은 수요가 쉽게 꺾이지 않는다. 2026년엔 특히 '전세 수요가 강한 지역(직주근접+학군)'이 매매의 방어력까지 가져가게 될 것이다.

마지막으로 일자리, 즉 자족성이 있는지를 확인해야 한다. 서울이 비싸다는 이유만으로 밀려나 선택하는 수요는 오래 가지 못한다. 진짜 수요는 결국 출근이 가능한 곳, 정확히는 일자리가 늘거나 또는 유지되는 곳에 남는다. 실제로 판교·광교·마곡·G밸리·과천/안양권 입무 축처럼 고용 엔진이 확인되는 권역은 같은 수도권이어도 체력이 다르다.

2026년의 수도권은 확산장이 아니라 알짜를 가르는 정교한 선별장이다. 서울 공급이 빠르게 회복되기 어려운 상황에서 수요는 분명 수도권으로 이동하지만, 그 이동은 균등 분배가 아니다. 교통망이 이미 깔려 있고, 교육과 생활 인프라가 촘촘하며, 일자리가 받쳐 주고, 정비와 개발이 동력이 얻는 곳이 서울의 대체재가 될 수 있다.

따라서 지금은 '서울 대신 수도권을 보는 것'이 아니라, 이 지역이 서울을 대신할 수 있는지 살펴봐야 한다. 수도권 전체가 아니라, 서울처럼 살 수 있는 '알짜'만 살아남는다.

02.
돈의 방향이 바뀐다, 비서울의 재발견

2025년은 대한민국 부동산 시장에 '극단적 양극화'와 '서울 쏠림'이 극명히 드러난 해였다. 서울의 핵심 상급지, 이른바 강남 3구와 마포, 용산, 성동의 아파트 가격이 전 고점을 뚫고 천장 없이 치솟는 동안 비서울 지역과 지방의 부동산은 긴 침묵의 터널을 지나야 했다. "서울 아니면 안 된다", "지금이라도 상급지로 갈아타야 한다"는 공포 섞인 조바심이 시장을 지배했다.

하지만 자산 시장의 역사는 늘 교훈을 남긴다. 영원히 오르는 나무도 없고 영원히 내리는 비도 없기에, 모든 자산은 가격과 가치의 괴리가 극대화되는 순간에 반드시 '평균 회귀(Mean Reversion)'의 힘을 받게 된다. 2025년이 서울 상급지의 시간이었다면, 2026년은

‘비서울 지역의 재발견’과 ‘가격 경쟁력의 시간’이 될 가능성이 높다. 이제 서울이라는 거대한 성벽 너머에 저평가된 기회의 땅을 바라봐야 할 때다.

2025년 서울 광풍이 남긴 교훈

2025년 서울의 광풍을 복기해 본다면 그 원인은 복합적이었다. 첫째는 ‘안전 자산 선호 심리’의 극대화다. 고금리 기조가 완전히 해소되지 않은 상황에서 투자자들은 ‘똘똘한 한 채’에 집중했다. 지방 부동산 시장의 미분양 리스크와 PF(프로젝트 파이낸싱) 부실 우려가 커질수록 수요자들은 대한민국에서 가장 안전하다고 믿어지는 서울 핵심지로 몰렸고, 이는 투자라기보다 생존 본능에 가까운 선택이기도 했다.

둘째는 공급 부족에 대한 공포다. 인허가 감소와 공사비 급등으로 인해 서울 도심의 신규 주택 공급이 감소할 것이라는 인식은 ‘지금 사지 않으면 못 산다’는 ‘패닉 바잉’을 유도했다. 그 결과 서울 상급지의 가격은 비이성적인 수준까지 밀어 올려졌다.

셋째는 정책적 규제 완화의 역설이다. 정부의 부동산 연착륙 의

지가 서울 주요 지역의 대출 및 세금 규제로 이어지면서, 유동성은 지방으로 흐르기보다 오히려 서울이라는 블랙홀로 빨려 들어갔다. 결국 서울과 비서울 간의 가격 격차가 역사상 유례를 찾기 힘들 정도로 벌어지게 된 것이다.

그러나 어느 순간 서울 상급지는 소득 대비 주택 가격 비율(PIR)이 감당하기 힘든 수준에 도달했고, 거래량은 빠르게 감소하고 있다. 시장의 변곡점이 찾아온 것이다.

저평가된 기회의 땅을 바라볼 때

이제부터는 왜 서울이 아니라 비서울 지역, 즉 경기·인천을 포함한 수도권 외곽과 지방 핵심지에 주목해야 할까? 여기에는 단순한 순환매 장세를 넘어선 타당한 이유가 있다.

첫째, '가격 갭(Gap)'의 매력도다. 부동산 시장은 물과 같아서, 높은 곳에 고인 가격 에너지는 결국 낮은 곳으로 흐르게 되어 있다. 현재의 서울 상급지와 그 외 지역의 가격 차이는 비정상적일 정도다. 과거 상승장을 복기해 보면 서울이 먼저 움직인 다음 시차를 두고 비서울이 따라오는 형태가 반복되었다. 서울이 지나치게 비싸졌다는 이야기는 비서울 지역이 상대적으로 너무나 저렴해졌다는 뜻이기도 하다. 벌어진 격차를 메우기 위한 유동성의 이동이 자연스럽게 본격화될 것이다.

둘째, 전세가율의 상승이다. 매매가가 정체되어 있던 비서울 지역의 전세가는 꾸준히 상승하고 있다. 공급 물량이 해소된 일부 지방 도시와 수도권 외곽에서 전세가율이 임계점에 도달하면 결국 매매 수요를 자극하게 되고, 이는 하방 경직성을 확보해 주는 가장 강력한 지표다. 서울의 낮은 전세가율과 대비되는 비서울의 높은 전세가율은 투자자들에게 '소액 투자'의 기회를, 실수요자들에게는 '매수 전환'의 유인을 제공한다.

셋째, 지방 공급 절벽의 가시화다. 지난 2~3년간 지방 부동산 침체와 공사비 상승으로 인해 지방의 신규 착공 물량은 사실상 씨가 말랐다. 2026년부터는 지방 주요 도시의 입주 물량이 급감하는 구간에 진입하게 되고, 공급이 부족하면 가격은 오를 수밖에 없다. 서울의 공급 부족도 문제지만 지방 핵심지의 신축 희소성은 앞으로 더욱 부각될 것으로 보인다.

비서울 필승 전략

비서울이 오른다고 해서 '아무 곳이나 사도 된다'는 뜻은 결코 아니다. 선택의 첫 번째 핵심 기준은 우선 '가격 경쟁력'이다. 이때 가격 경쟁력은 절대적인 가격이 낮은 것이 아니라, '본연의 가치 대비 저평가된 상태'를 말한다.

예를 들어 서울의 A 급지가 20억 원, 경기도의 B 급지가 10억 원이 적정 비율(예: 50%)이라고 가정하자. 그런데 2025년 상승장 동안 서울 A 급지는 25억 원이 되었는데, 경기도 B 급지는 여전히 10억 원이거나 오히려 9억 원으로 떨어졌다면 어떨까? 이때의 비율은 36%까지 낮아진 상황이다. 역사적 평균 비율보다 과도하게 벌어진 이 구간이 바로 '가격 경쟁력'이 발생한 지점이라고 판단힐 수 있다.

전 고섬 대비 하락 폭이 컸으나 아직 종전의 가치를 회복하지 못한 지역, 그러면서도 서울 핵심지와의 교통 접근성이나 자체적인 일자리 기반이 탄탄한 곳이 좋은 선택지가 될 것이다. 이미 호재가 선반영 되어 가격이 올라 버린 곳보다는, 대중의 관심에서 소외되어 있었으나 기초 체력이 튼튼한 '낙폭 과대 우량주'를 선별하는 안목이 필요하다.

두 번째 기준은 '입지(Location)'다. 서울 밖으로 눈을 돌리되, 입지의 기준은 더욱 엄격해야 한다. 비서울 지역일수록 입지에 따른 양극화는 서울보다 더 잔인하게 나타날 수 있기 때문이다.

수도권 외곽의 생명줄은 서울 접근성이기 때문에 서울과의 물리적 거리가 획기적으로 단축되는 GTX 및 광역철도의 개통이 임박했거나 착공이 확실시된 곳이라면 1순위다. 혹은 서울로 출퇴근하지 않아도 될 만큼 자체적인 고소득 일자리가 창출되는 자족 도시 역시 비서울이라도 '상급지'의 지위를 갖는다. 반도체 클러스터가 조성되는 용인, 평택, 화성이나 바이오·첨단 산업이 집적된 송도, 판교의 배후지 등이 그 예다. 또한 학군, 상권, 자연환경이 완벽하게 갖춰진 지역 내 1등 입지의 '대장 아파트' 역시 하락장에서도 가격 방어력이 좋고 상승장에서는 가장 먼저 튀어 오른다.

애매한 구축 두 채보다 비서울 핵심지의 확실한 한 채가 전략의 핵심이라고 보면 된다.

<u>돌다리도 두드리는 리스크 관리</u>

물론 전망이 좋을 때도 여전히 경계해야 할 리스크는 존재한다.

금리 인하 사이클에 진입했다고는 해도 인하 속도와 폭은 예상보다 더딜 수 있다. 금리 변동성을 고려해야 하기 때문에 무리한 '영끌'은 여전히 위험하다. 자신이 감당할 수 있는 DSR(총부채원리금상환비율) 범위 내에서 자금 계획을 세워야 한다.

또 다른 리스크는 지방 소멸의 그림자다. 비서울 지역으로 눈을 돌리는 것은 좋지만, 인구가 급격히 감소하고 산업 기반이 무너지는 지방 소도시는 논외다. 지방 부동산 투자는 철저히 '광역시' 급이나 '인구 50만 이상의 거점 도시'로 한정해야 한다. 지방에서도 사람이 모이는 곳과 떠나는 곳의 차별화는 더욱 가속화될 것이다.

그러나 모두가 서울을 외칠 때 무작정 그 뒤를 쫓는 것이 아니라 대중의 시선이 닿지 않는 곳을 바라볼 용기도 필요하다. 부자의 투자는 대중과 반대로 가는 데서 시작한다. 이미 꽃이 만개한 정원(서울 상급지)에 들어가려 애쓰기보다는 다가올 봄을 준비하며 싹을 틔울 준비를 마친 토양(저평가된 비서울 핵심지)에 씨앗을 뿌려야 한다.

서울이라는 이름값(Brand)에 매몰되지 말고, '가격(Price)'과 '가치(Value)'의 괴리를 냉철하게 분석하자. 분명히 좋은 입지임에도 불구하고 소외되어 웅크리고 있던 보석 같은 단지들이 보이기 시작할 것이다.

03.
세종시의 전세가 상승,
시장 변화의 시작일까?

세종시의 부동산 시장은 꽤 오랜 기간 조정 국면에 머물러 왔다. 행정 수도 이전이라는 기대를 한 몸에 받으며 공급은 빠르게 늘었지만 수요가 따라오지 못했고, 대출 규제가 겹치면서 다른 지역과 달리 큰 폭의 가격 조정을 겪은 지역이었다. 하지만 2024년 하반기 이후 세종시의 전세가 상승이 본격화되며 점차 활기를 되찾는 조짐이 보이기 시작했다.

세종시에 다시 찾아온 활기

전세가는 실수요의 온도를 먼저 반영하는 의미 있는 지표인 만큼, 전세가가 상승하는 배경을 먼저 이해할 필요가 있다. 세종시의 전세가 상승은 여러 가지 요인으로 설명할 수 있는데 첫 번째는 기본적으로 전세 수요의 증가다. 세종시는 행정중심복합 도시라는 도시의 성격상 정부 기관의 이전과 공공 기관의 확장이 지속적으로 이루어지고 있다. 공무원 및 관련 종사자들이 꾸준히 유입되면서 이는 곧 전세 수요의 확대로 이어졌다.

반면 수요가 늘어나는 데 비해 새 아파트의 공급이 줄어들면서 전세 시장의 수급 균형은 서서히 깨지는 추세다. 몇 년간 공급 과잉 문제로 인혜 매매와 전세 가격이 모두 하락세였으나 공급이 줄고 기존 주택에 대한 전세 수요가 늘면서 전반적인 전세 가격 상승으로 이어지는 것이다.

또한 정부의 강력한 대출 규제도 세종시뿐 아니라 전국적인 매매 수요 감소를 유발했다. 높은 주택담보대출 이자와 대출 제한으로 인해 많은 사람이 매매 대신 전세를 선택하는 경향이 강화되었다. 특히 세종시는 주택 가격이 비교적 높기 때문에 주거 비용 부담을 덜기 위해 전세를 선호하는 세입자들이 늘어나고 있다.

세종시 전세가의 상승은 일시적인 현상이 아니라 부동산 시장 전반의 변화를 반영하는 신호로 해석될 수 있다. 부동산 시장에서 전세가는 주택 시장의 선행 지표 역할을 한다. 전세가가 오르면 매매가의 하방이 단단해지며 자연스럽게 매매가 상승으로 이어질 가능성이 높은데, 세종시의 전세가 반등은 시장이 바닥을 찍고 회복세에 접어들고 있다는 의미다. 다시 부동산 시장에서 매력적인 투자처로 자리 잡을 수 있는 여건이 형성되기 시작한 것이다.

또한 세종시는 정부 기관과 공공 기관의 이전이 계속되고 있는 특수성을 가진 도시다. 이에 따라 인프라 확장이 지속적으로 이루어져 장기적으로는 생활 편의성이 높아지고 주거지로서의 매력도 커질 것이다. 이러한 변화는 중장기적으로 세종시의 부동산 가치를 올리는 주요 동력으로 작용하게 된다.

투자자와 실수요자를 위한 전략

투자자 입장에서 세종시 전세가가 상승세를 타고 있는 시점은 매입을 고려할 만한 적기일 수 있다. 전세가 상승은 매매가 상승의 전조 요인이 될 수 있으며, 장기적인 가격 상승도 기대할 만하기 때문이다. 물론 모든 상승이 곧바로 매매가 급등으로 이어지는 것은 아니지만, 전세가가 받쳐 주는 시장은 하락 리스크가 적다고 봐도 된다. 특히 행정 중심지로 불리는 세종시의 특성을 고려하면, 안정적인 수요 기반을 바탕으로 안전한 투자처로 자리매김할 가능성도 높다.

한편 실수요자라면 '조금 더 지켜보자'는 보수적인 태도보다 전세가가 더 오르기 전에 빠르게 전세 시장에 진입하는 것이 유리할 수 있다. 전세 가격이 지속적으로 상승하는 상황에서는 적정 수준의 전세 매물을 빨리 찾는 것이 매우 중요하다. 또한, 향후 매매 시장이 회복될 가능성이 크기 때문에 자금 여력이 된다면 매매로의 전환을 고려하는 것도 좋은 선택일 수 있다.

세종시에 정부의 공공 기관 이전 정책과 인프라 확충이 계속되고 인구 유입이 꾸준히 이어진다면 전세 수요는 지속적으로 증가할 것이다. 동시에 전세 매물이 부족해지는 현상이 이어지면서 입주 물량 여부에 따라 지역별로 단기적인 능락은 있을 수 있겠지만 전세가 상승세는 한동안 이어질 것으로 전망된다. 세종시의 전세가 상승은 단순한 수급 불균형이 아니라 지역 부동산 시장의 변화와 회복을 나타내는 중요한 신호에 가깝다. 장기적인 안목으로 시장의 움직임을 주목하여 의사 결정을 해야 할 것이다.

04.
지방 부동산, 새로운 국면에 진입하다

최근 수도권의 강도 높은 규제로 인해 진입 장벽이 높아지면서 서울 아파트의 거래량은 급감한 반면 비수도권 지역은 거래가 오히려 10% 이상 증가했다. 지방 핵심지나 비규제 지역이 상대적으로 접근하기 쉽다는 메시지가 전해지면서 수요가 '밀려난' 모습이 나타난 것이다. 다만 이를 막연하게 '지방 부동산'으로 묶어 지방 전체의 반등이라고 바라보기보다는, 지방 중에서도 규제를 피했고 입지나 수급 조건이 괜찮은 핵심지로 수요가 이동한다는 점에 주목해야 한다.

규제 강화가 만들어 낸 풍선 효과

비수도권 중에서도 반등 조짐이 나타나는 핵심지가 갖는 강점과 변화 요인에는 몇 가지 공통점이 있다. 우선 첫째로 수도권 및 규제 지역은 대출 제한, 실거주 의무, 청약 규제 등이 강화된 반면 지방 핵심지는 아직 규제 부담이 상대적으로 낮다. 이는 실수요자와 투자자 모두에게 '우회 가능한 선택지'를 제공한다.

둘째로 저평가 구간에서의 반등 여지다. 기존에 많은 지방 지역이 수도권 대비 집값이 낮고, 공급 과잉 또는 입지 약화 등을 이유로 침체되어 있었다. 그런데 최근엔 공급이 줄어드는 곳, 수요가 유지되는 곳에서 반등 조짐이 나타나고 있다. 예컨대 울산의 경우에도 최근 매매가와 전셋값이 동반 상승세를 보인다.

셋째는 공급 사이클과 희소성이다. 입지가 좋고 공급이 적은 지역일수록 희소성이 커진다. 예컨대 울산은 2023년 8,800여 가구였던 입주 물량이 2024년부터 2028년까지는 연 3,000~4,000가구 수준에 그쳤다. 공급 감소에 비해 상대적으로 수요가 유지된다면 가격 상승 가능성의 조건이 맞아떨어지는 셈이다.

마지막으로, 단순히 '지방'이라서 가격이 상승하는 것이 아니라 인프라와 입지 경쟁력을 갖춘 곳이 핵심지가 될 수 있다. 학군·교통·상업·신축 등 입지 요건이 탄탄한 지역에서만 뚜렷한 상승 움직임이 나타난다. 예컨대 대구의 학군지인 수성구 만촌동의 아파트가 신고가를 경신했다는 사례가 나오기도 했다.

주목해야 할 지방별 흐름 분석

지방에서도 주목해서 살펴볼 만한 지역 중 대표적으로 부산, 대구, 세종의 흐름을 살펴보자.

부산은 해운대구·수영구를 중심으로 바닷가에 인접했으면서도 도심 접근성이 좋고 관광, 생활 인프라를 갖춘 지역이 눈에 띄는 상승률을 보이고 있다. 수도권 규제 강화로 인해 부산으로 수요가 일부 이동할 가능성도 전망된다. 다만 부산 전체가 다 오르는 것이 아니라 지역 간 격차가 커지고 있기 때문에 입지가 약하거나 공급 과잉인 지역은 여전히 위험 요소에 속한다.

대구는 전반적으로 하락세가 이어져 왔지만 입지가 우수한 곳에서는 신고가 거래가 나오는 등 지역 내 양극화가 심화되고 있다. 특히 학군이 강한 수성구나 교통 우수·신축 위주 단지는 반등 가능성이 크기 때문에, 낮은 베이스에 상승 여지가 있다는 점이 매력이다. 물론 미분양 물량이 많았던 지역이기 때문에 일반화할 수는 없으며 향후 미분양이나 인구 감소 문제 등이 발목을 잡을 리스크도 고려할 필요는 있다.

세종시의 경우 타 광역시에 비해 관심도가 상대적으로 낮지만 행정도시로서의 수요와 광역교통망 개선에 대한 장기적 관점에서 호재가 있다. 정부·행정 인프라 집중, 개발 호재, 수도권 접근성 개선 등으로 지방 반등 후보지로 유명한 지역 중 한 곳이기도 하다. 아직 상승세가 본궤도에 오르지는 않았기 때문에 지역 내 입지 차이와 공급 과잉 리스크에 주의해야 한다.

소비자를 위한 지방 핵심지 전략

소비자 입장에서는 몇 가지 전략 요소들을 염두에 두는 것이 좋다. 우선 수도권 규제가 강화되면서 대안이 된 지방 핵심지나 비규제 지역을 주목하되, 규제가 낮다는 이유만으로 매수해서는 안 된다. 학군(예: 대구 수성구), 교통 역세권, 신축 프리미엄, 생활·상업 인프라 등이 조합된 입지를 확인하는 것이 중요하다.

또한 공급이 적거나 향후 물량이 적은 지역은 희소성이 커지기 때문에 공급 사이클을 확인하고, 이미 가격이 많이 오른 곳이 아니라 가격 베이스가 낮으면서 상승 여력이 있는 지역이 유리하다. 무엇보다 지방 핵심지라도 단기간 급등만 보고 진입하기에는 리스크가 크다. 인구 감소, 산업 구조 변화 등의 변수도 고려해야 한다.

지방 부동산의 변화가 시작되고 있지만, 지방 전체가 대세적 상승세에 올라타기는 어렵다. 입지 좋은 '대장' 단지는 오르지만 그렇지 않은 단지는 여전히 하락 또는 제자리걸음을 한다. 특히 구축이 많거나 산업 구조가 약화된 지역은 반등이 더딜 수 있다. 게다가 지방이라고 해서 영원히 규제가 약한 것이 아니다 정부나 지방자치단체 정책이 바뀔 가능성도 존재한다.

결국 중요한 것은 지역과 단지의 선택, 그리고 입지·수급·인프라라는 기본 조건이 충족되느냐를 보는 것이다. 집값이 상승하는 움직임을 인지하는 것은 중요하지만, 소비자로서 준비 없이 뛰어들면 허상에 속을 수 있는 시장이기도 하다. 현상을 객관적으로 해석하고 준비하는 사람만이 이 변화를 기회로 바꿀 수 있을 것이다.

05.
미분양 많은 대구 부동산에
관심을 가져야 하는 이유

대구 부동산은 몇 년간 긴 조정기를 겪으며 가격 하락과 미분양 문제로 어려움을 겪어 왔다. 2021년을 정점으로 아파트 가격이 수년간 하락하며 부동산 시장에서 외면받는 혹독한 시기가 이어진 것이다. 그러나 부동산 시장의 특성상 긴 침체가 오히려 매수자들에게 기회로 작용하기도 한다. 지금의 대구가 바로 그 중요한 전환점에 놓여 있다.

긴 침체가 때로는 기회가 된다

대구는 긴 침체기를 거쳤지만 최근 들어 반등의 조짐이 나타나고 있다. 그 근거로는 우선 첫째, 오랜 기간 이어진 미분양 증가와 가격 하락은 시장이 충분히 바닥을 다지는 계기가 되었다. 대구 아파트 가격은 지역에 따라 고점 대비 30~40%까지 하락한 곳도 있다. 이처럼 깊은 조정기를 거친 시장은 현재 가격 수준에서 충분한 하방 지지를 형성했다는 평가를 받는다. 특히 추가적인 급락보다는 완만한 반등 가능성이 더 높다는 게 전문가들의 공통된 견해다.

둘째, 미분양 관리 지역에서 대구가 벗어났다는 점은 매우 긍정적인 신호다. 정부가 미분양 관리 지역을 지정해 신규 아파트 공급을 조절하는 상황에서, 대구는 이제 그 명단에서 제외될 정도로 미분양 물량 관리가 안정화 단계에 들어섰다. 이는 공급 과잉 문제의 해소가 어느 정도 이뤄졌다는 점을 뜻하며, 앞으로 신규 분양 물량이 감당할 수 있는 적정 수준을 유지할 가능성이 높아졌음을 의미한다.

셋째, 앞으로 나올 분양 물량도 과거와 달리 부담스러운 수준이 아니다. 최근 몇 년 동안의 공급 과잉이 해소되는 과정에서 신규 공급이 자연스럽게 줄었고, 앞으로 공급되는 아파트 물량은 지역 수요층이 충분히 소화 가능한 수준이 될 전망이다. 또한, 과거와 같은 무리한 가격 책정이 아니라 합리적이고 시장의 현실에 맞는 분양가가 책정된다면 미분양 위험이 크게 줄어들 것이고, 이는 시장 안정화의 중요한 발판이 될 수 있다.

넷째, 수도권의 아파트 가격 상승이 다시 두드러지기 시작하면, 상대적으로 저평가된 대구의 아파트가 경쟁력 있는 가격대로 부상할 가능성이 크다. 실제로 과거 서울과 수도권이 급등했을 때, 투자 수요가 상대적으로 가격이 저렴한 지방 광역시로 이동한 사례가 여러 차례 있었다. 대구는 광역시 중에서도 특히 수성구를 중심으로 탄탄한 교육 인프라와 편의 시설을 갖춘 곳이 많아, 가격 경쟁력이 생기면 외부 수요의 유입이 늘어날 수 있다.

특히 수성구와 같은 주요 지역은 이미 신축 아파트를 중심으로 최근 거래량이 다시 늘어나고 가격 반등의 조짐을 보이고 있다. 이런 움직임은 시장이 점차 회복 국면에 진입하고 있음을 시사하는 긍정적인 신호다. 또한 재개발·재건축 등 도심 개발 사업의 활성화가 예정되어 있어, 이로 인한 추가 상승 여력 또한 존재한다.

변화의 가능성에 주목하라

대구는 그동안 어려운 시기를 거치면서 충분히 시장 정비가 이루어졌고, 이제는 새로운 도약을 준비하는 중요한 전환점에 있다. 과거의 어려움만 보고 투자를 망설이기보다는, 앞으로의 시장 변화 가능성에 더 주목할 필요가 있다.

특히 수성구를 중심으로 한 학군 수요는 여전히 탄탄하다. '교육'은 부동산 투자에 있어 변하지 않는 본질적 요소다. 수성구 범어동 일대가 '대구의 대치동'으로 불리는 이유도 여기에 있다. 이 지역의 명문 학군은 시장의 부침과 관계없이 꾸준히 주거 수요를 창출해 왔으며, 앞으로도 그 가치를 유지할 가능성이 크다.

여기에 더해, 앞으로 인프라 개발 호재도 다수 예정돼 있다. 대표적으로 대구권 광역철도 구축과 같은 교통망 확장 계획은 특정 지역에 한정되지 않고 대구 전체의 부동산 가치를 한 단계 더 높여줄 가능성이 크다. 교통망이 좋아지면 생활 편의성이 높아지고, 이는 결국 지역 전체의 주거 가치 상승으로 이어질 것이다.

또 앞으로 금리 하향 조정과 같은 경제적 여건 개선이 예상되는 상황에서는 대구 부동산 시장이 빠르게 정상화되고 반등할 수 있다. 최근 한국은행과 정부가 내놓고 있는 경기 부양책이 본격화될 경우, 부동산 투자 심리가 가장 먼저 개선될 것으로 예상되는 지역 중 하나가 바로 대구광역시라는 점은 분명하다.

결국, 투자자들은 현재의 조정기를 단지 시장의 부정적 상황으로만 볼 것이 아니라, 오히려 장기적이고 안정적인 투자의 출발점으로 보는 지혜가 필요하다. 대구의 부동산은 긴 조정기를 거쳤기에 더욱 안정적인 바닥 다지기를 완료하였으며, 이는 중장기적 관점에서 투자자에게 매우 유리한 조건을 제공할 것이다.

부동산 투자는 남들이 두려워할 때 과감히 움직이는 전략적 선택도 중요한 기회가 된다. 투자는 언제나 불확실성과 위험을 동반하지만, 지금처럼 가격과 시장 상황이 충분히 하락하고 다시 상승의 계기를 맞은 시점은 그만큼 위험 대비 수익률이 높은 시기라는 것을 기억해야 한다.

인구 이동 통계를 보면 입지가 보인다

부동산의 입지를 판단하는 요소는 다양하지만, 그중에서도 인구 이동 통계는 왜곡이 적은 지표 중 하나다. 사람이 실제로 어디로 이동하고 어디로 들어오는지를 살펴보면 지역에 대한 선호도와 입지의 장단점에 따른 실질적인 결과가 고스란히 나타난다.

투자 의사 결정을 위한 가장 솔직한 데이터

비교적 가까운 과거의 데이터를 살펴보자. 2024년 국내 인구 이동 통계에 따르면 총이동자 수는 628만 3,000명으로, 전년 대비 15만 5,000명(2.5%) 증가한 수치로 나타났다. 인구 백 명당 이동자 수를 나타내는 이동률도 12.3%로 0.3%p 상승했다. 특히 시도 내 이동률과 시도 간 이동률이 모두 전년 대비 조금씩 상승한 사실을 알 수 있다.

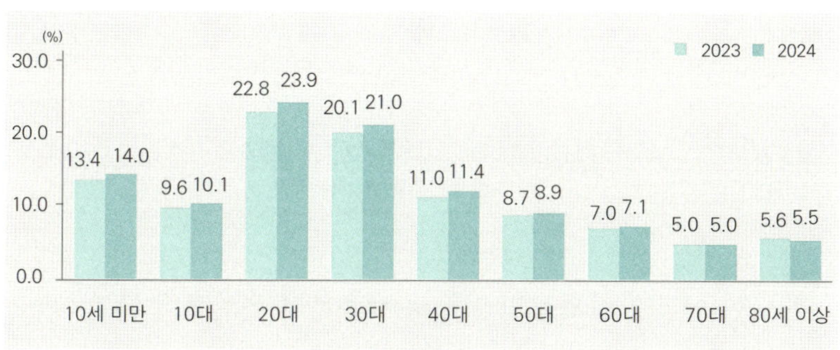

연령별 이동률(2023~2024년)

연령별 이동률에서는 20대와 30대가 가장 높았으며, 이는 주로 주택, 가족, 직업과 같은 주요 요인에 의해 영향을 받은 것으로 보인다. 특히, 전년 대비 이동률 증가 폭은 20대(1.1%p), 30대(0.9%p), 10세 미만(0.6%p) 순으로 두드러졌다. 반면, 70대 이상의 이동률은 감소해 고령층의 이동 활동이 감소하는 경향을 보였다.

성별로는 남성의 이동률이 여성보다 높았다. 연령별 성비를 보면 40대 남성의 이동 성비(여성 100명당 남성)가 109.5명으로 가장 높았고, 80세 이상에서는 74.0명으로 가장 낮아 이동 성향의 연령별 차이를 보여 준다.

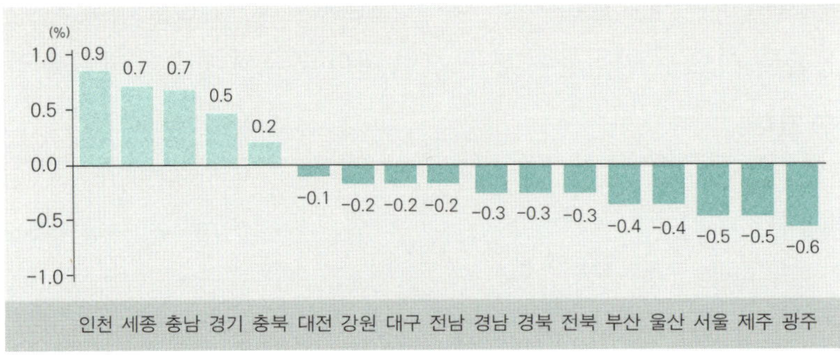

시도별 순이동률(2024년)

　　시도별 이동을 살펴보면 인천과 세종은 순유입률이 각각 0.9%, 0.7%로 높게 나타났으며, 광주와 제주는 순유출률이 각각 -0.6%, -0.5%로 가장 높았다. 특히, 인천은 모든 연령대에서 순유입을 기록하며 안정적인 인구 증가를 보였다.

　　반면, 서울은 10대와 20대에서 순유입을 기록했지만 다른 연령대에서는 순유출을 보였다. 이는 수도권 내에서도 지역 간 인구 이동이 활발하게 이루어지고 있음을 보여 준다.

　　권역별로는 수도권과 중부권이 각각 4만 5,000명, 1만 6,000명의 순유입을 기록한 반면, 영남권과 호남권은 각각 4만 명, 1만 8,000명의 순유출을 기록했다. 수도권으로의 유입은 20대가 가장 많았고, 40대 이상은 순유출이 나타났다.

사람들의 전체 전입 사유는 80% 이상이 주택(34.5%), 가족 (24.7%), 직업(21.7%) 때문이었다. 전년 대비 주택과 가족 사유로 인한 이동자 수는 증가했지만, 직업 사유는 감소했다. 시도 내 이동에서는 주택이 43.2%로 가장 큰 이유였으며, 시도 간 이동에서는 직업이 33.5%로 주요 이유였다.

서울에서는 직업, 교육, 주거 환경이 주요한 이동 사유로 작용했고, 인천은 주거 환경의 개선이 순유입의 주요 요인이었다. 세종과 경기는 직업, 가족, 주택, 주거 환경 덕분에 인구 유입이 이루어진 반면, 교육과 자연환경 때문에 일부 인구가 이탈했다.

반면 부산, 대구, 광주, 대전, 울산 등은 직업 부족으로 인해 인구 순유출이 발생했다. 도 지역에서는 주거 환경 문제로 인해 인구가 빠져나가는 경향이 두드러졌다.

수도권 이동과 시군구별 이동 동향

통계에 따르면 수도권 내 이동자는 292만 7,000명으로 전체 이동자의 46.6%를 차지했으며, 이는 전년 대비 3만 명(1.0%) 증가했으나 전체 이동에서 차지하는 비중은 0.7%p 감소했다. 비수도권에서 수도권으로의 이동자는 41만 8,000명으로 0.7%(3천 명) 증가했으며, 수도권에서 비수도권으로의 이동자는 37만 3,000명으로 1.3%(5,000명) 증가했다. 이는 수도권과 비수도권 간 이동 흐름이 여전히 활발함을 보여 준다.

시도별로는 서울이 인천과 경기로 순유출이 7만 5,000명에 달해 전년 대비 9천 명 증가했으며, 경기의 수도권 내 순유입은 5만 3,000명으로 전년 대비 1만 8,000명 증가했다. 인천의 수도권 내 순유입은 8,000명 감소했다.

또 전국 228개 시군구 중 80개 시군구는 순유입, 148개 시군구는 순유출을 기록했다. 순유입률이 가장 높은 지역은 대구 중구(9.2%), 경기 양주시(7.6%), 경기 오산시(5.2%) 순이었다. 반면, 순유출률이 가장 높은 지역은 서울 용산구(-4.3%), 경기 의왕시(-2.9%), 경북 칠곡군(-2.4%)로 나타났다.

특히, 대구 중구와 경기 양주시의 높은 순유입률은 이들 지역이 갖춘 주거 환경과 교통 접근성이 주요 요인으로 작용했음을 보여 준다. 반면, 서울 용산구와 경기 의왕시는 높은 주택 비용과 부족한 주거 환경 개선으로 인해 순유출이 발생한 것으로 보인다.

인구 이동 통계의 시사점

인구 이동 통계는 지역의 입지적 장단점을 명확히 보여 준다. 수도권의 경우, 직업, 교육, 주거 환경 등의 이유로 지속적으로 인구를 유입시키고 있지만, 높은 주택 비용과 인구 밀집으로 인해 일부 계층에서는 순유출이 발생하고 있다. 반면, 인천과 세종, 경기는 안정적인 주거 환경과 직업 기회, 가족 친화적 요소로 인해 인구가 증가하고 있다.

한편 부산, 대구, 광주, 대전, 울산과 같은 대도시들은 직업 부족으로 인해 인구를 유지하는 데 어려움을 겪고 있다. 도 지역의 경우에는 주거 환경 개선이 시급한 과제다. 이러한 지역적 차이를 감안하면, 이주를 계획하거나 투자 지역을 선정할 때 다음과 같은 요소를 고려할 수 있을 것이다.

첫째, 직업 기회다. 대도시와 수도권은 직업 기회가 풍부하지만, 경쟁이 심하고 주거 비용이 높다. 직업 안정성과 주거 비용 간의 균형을 고려해야 한다.

둘째, 교육 및 가족 환경이다. 세종과 경기는 교육과 가족 중심의 생활을 위한 최적의 입지를 제공한다.

셋째, 주거 환경이다. 인천과 같은 지역은 비교적 저렴한 주택과 양호한 환경을 제공해 주거지로 매력적이다.

넷째, 장기적 발전 가능성이다. 도 지역은 현재 주거 환경 개선이 필요하지만, 개발 잠재력이 높은 곳을 중심으로 투자 기회를 모색할 수 있다.

2025년 인구 통계에서는 국내 인구 이동자 수가 611만 8천 명으로 전년 대비 2.6% 감소했으며, 인구이동률 또한 0.3%p 하락했다. 이는 역대 네 번째로 낮은 수준이며 이동자 수 기준으로는 반세기만의 최저를 기록하고 있다. 시도별로는 신도시 개발이 있던 인천, 기업을 유치한 충북 등으로 순유입이 많았고, 서울과 광주 등에서는 순유출이 발생했다.

경기도 내에서는 입지에 따른 명암이 더욱 뚜렷해졌다. 반도체 클러스터 호재가 가시화된 용인, 평택과 GTX 노선 개통이 임박한 지역은 인구 유입이 가속화된 반면, 교통 호재가 부재한 외곽 지역은 여전히 정체를 면치 못했다. 이는 단순히 집값을 넘어 교육과 의료, 문화 인프라가 갖춰진 '완성형 입지'에 대한 수요자들의 갈망이 그 어느 때보다 강해졌음을 보여주는 지표다.

또한 이러한 인구 이동 통계는 지역별 불균형 문제와 수도권 집중 현상이 여전히 해소되지 않았음을 보여 준다. 수도권의 지속적인 인구 유입은 해당 지역의 주거 및 경제적 압박을 증가시키고, 비수도권의 인구 감소는 지역 소멸 위험을 가중시킬 수 있다.

따라서 정부는 지역 간 균형 발전을 위한 정책을 강화하고, 주거 환경 개선 및 직업 창출을 통해 지역 경쟁력을 높이는 데 집중해야 한다. 이와 같이 인구 이동을 통해 각 지역의 입지적 장단점을 면밀히 분석하면 소비자 및 투자자 모두 보다 나은 선택을 하는 데 활용할 수 있을 것이다.

07.
서울로 가는 현실적인 사다리

서울의 '생애 첫 집'이 어렵다면

부동산 시장에서 장기적으로 서울 핵심지의 희소성은 여전히 강하다. 자산 가치의 격차 역시 분명하기 때문에 많은 사람이 부동산에서 '서울이 정답'이라고 말하는 것도 과장이 아니다. 하지만 서울이 정답이라고 한들 '지금 내가 할 수 있는 선택' 사이에 커다란 간극이 있다면 이야기가 달라진다. 이 간극을 무시한 채 무리하게 서울로 돌진한다면 오히려 첫 단추부터 재무가 망가지며 인생의 속도가 꺾일 수도 있다.

반대로 그 간극을 인정하고 자신의 상황과 속도에 맞는 길을 찾는다면 이는 오히려 전략적인 우회가 될 수 있다. 서울을 포기하는 것이 아니라 현실적인 사다리를 세우고 서울로 가는 방식을 바꾸는 것이다. 그 방법 중 하나가 경기·인천의 '좋은 아파트'에서 출발하는 것이다. 현 상황에서 감당 가능한 자산을 통해 경험을 쌓고 자본을 키워나가는 것도 충분히 현명한 출발선이 될 수 있다.

2025년 10·15 대책 이후에도 서울 가격 흐름은 쉽게 꺾이지 않고 버티고 있다. 그 가운데 생애 최초로 집을 사는 사람의 수는 점차 줄어드는 추세다. 생애 첫 집합건물 매수자는 2025년 11월에 4,513명으로 6월 7,192명 대비 37% 급감했다. 숫자가 말해 주는 현실은 간단하다. 서울 아파트 매물은 감소했고 호가는 내려오지 않고 있으며 대출이 까다로워지고 거래는 얼어붙었다.

이런 환경 속에서 생애 첫 집 마련은 '마음'만으로는 불가능하며 현금과 대출 여력, 시간이 모두 필요하다. 이 중 하나라도 부족하면 서울에서 첫 단추를 끼우는 것이 '의지'가 아니라 '무리'가 되기 쉽다.

후퇴가 아니라 재배치 전략이 필요하다

같은 기간, 인천의 흐름은 달랐다. 인천의 생애 최초 매수자는 2025년 11월에 3,045명으로 한 달 전 1,793명 대비 1.7배로 증가했다. 11개월 연속으로 하락하던 인천 아파트의 가격도 10월에 상승 전환 이후 흐름을 이어갔다.

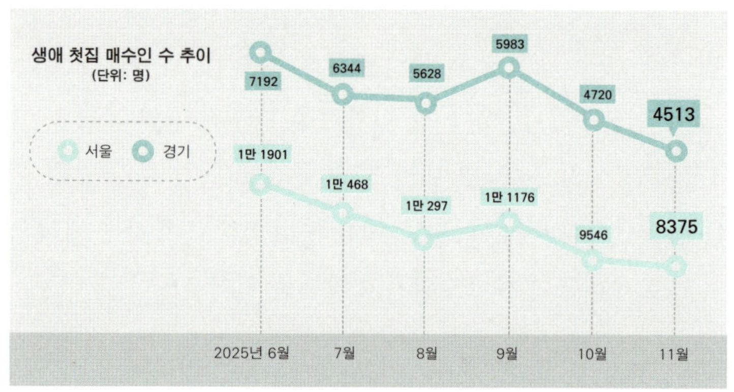

생애 첫 집 매수인 수 추이

이는 서울에서는 전세금도 감당하기 어려 생애 첫 집 매수인 수 추이운 자금으로 시작 가능한 시장이 경기와 인천에는 존재한다는 뜻이다. 대출 여건, 진입 가격, 비규제 환경 등을 종합했을 때 첫 단추를 끼우기에 더 수월한 시장이다. 이를 누군가는 '서울을 포기했다'고 할 수도 있지만 반대로 생각하면 '서울을 가능하게 만드는 경로'를 선택하는 일에 가깝다.

물론 마냥 낙관적으로만 전망할 수 있는 것은 아니다. 경기와 인천이 쉬워 보이는 만큼 실패하는 방식도 다양할 수 있기 때문이다. 서울은 비싸지만 수요의 질과 두께가 상대적으로 단단하다. 반면 경기·인천과 같은 외곽이나 대체지는 지역 간 격차가 훨씬 크고, 공급 사이클이나 수요에도 더욱 민감하다. 교통, 학군, 일자리 등

'수요의 근거'가 약하면 회복이 늦으며 유사 단지가 많을 경우 프리미엄이 사라지기도 한다.

즉 경기·인천은 '아무거나 사면 되는 시장'이 아니라, '좋은 물건을 골라 사야 하는 시장'이다. 이때 무분별하게 기사나 커뮤니티의 정보를 보고 '어디가 좋다더라'에 휩쓸려서는 안 된다. 정보는 넘쳐 나지만 부동산은 정보량이 아니라 판단 기준의 품질이 좋은 결과로 이어진다.

그 기준을 세우려면 '어디가 오르느냐'보다 '왜 오르는지'를 말해 주는 수요의 관점에서 확인해야 한다. 지도의 행정 구역을 기준으로 보는 것이 아니라 생활권 단위로 비교하고, 호재를 보기 전에 공급·대체재·환금성과 관련된 악재부터 제거하는 깃이 민저다. '될 곳'을 고르는 것도 중요하지만 '안 될 곳을 거르는 기술'이 성패를 좌우한다. 아무래도 서울보다 확률이 떨어지는 만큼 확률을 끌어올리는 체계가 필요하기 때문이다. 체계가 없는 선택은 결국 운에 맡기는 게임이 되어 버린다.

서울 지역에서의 매수가 현실적으로 어렵다면 경기·인천의 좋은 아파트에서 출발하는 선택도 충분히 전략적인 대안이 될 수 있다. 서울 전세금 수준의 자금으로도 '주거 안정'과 '자산 형성'의 출발점을 만들 수 있기 때문이다. 잘 고를 수 있는 기준을 세우고 보는 눈을 갖춘다면 충분히 서울로 가는 첫 단추를 끼울 수 있을 것이다. 서울로 가는 길은 '기다림'이 아니라 '준비된 선택'이어야 한다.

4장

부동산 트렌드 따라가기

01.
전세 제도의 퇴장과 월세 시대의 시작

한국 부동산 시장은 현재 근본적인 변화의 기로에 서 있다. 수십 년간 주택 임대 시장의 중심이었던 전세 제도가 급속히 쇠퇴하면서, 월세 중심의 새로운 임대 생태계가 형성되는 중이다. 2025년 들어서 전국 임대차 거래 중 월세가 차지하는 비중이 61.6%를 기록하며 처음으로 60%를 넘어섰다. 서울의 경우에는 63.9%까지 달하며 전세의 몰락이 가속화되고 있음을 보여 준다. 이는 2020년에 전세 비중이 70.5%에 달했던 것과 비교하면 상당히 극적인 전환이다. 이는 단순한 시장 트렌드 변화를 넘어 한국 부동산 투자 패러다임의 근본적인 전환을 의미한다.

월세 중심의 새로운 임대 생태계

월세 시장의 급속한 확산에는 여러 요인이 복합적으로 작용했다.

첫째로는 고금리 기조의 지속으로 전세 자금 대출의 부담이 가중되면서 세입자들이 상대적으로 초기 부담이 적은 월세를 선호하게 됐다. 큰 보증금에 이자까지 부담하는 것보다는 오히려 월세가 합리적인 선택이 된 것이다. 둘째는 빈번한 전세 사기 사건으로 인한 사회적 신뢰의 훼손이다. 보증금을 돌려받지 못할 수도 있다는 리스크는 더 이상 전세를 안전한 제도로 인식하기 어렵게 한다. 셋째는 1~2인 가구의 지속적인 증가다. 큰 목돈을 묶어야 하는 전세 보증금보다는 월세를 선호하는 주거 수요층이 확대된 것이다.

세입자뿐만 아니라 임대인의 측면에서도 월세 선호 현상은 뚜렷해지고 있다. 부동산 가격 상승세 둔화로 시세 차익에 대한 기대가 줄어든 상황에서, 매월 안정적인 현금 흐름을 창출할 수 있는 월세가 매력적인 투자 수단으로 부각되고 있기 때문이다. 특히 임대인들은 전세 보증금 반환 리스크를 회피하면서도 지속적인 수익을 확보할 수 있는 월세를 선호하고 있다.

최근 월세화 진행 속도는 지역별로 상이한 양상을 보인다. 서울과 수도권에서는 높은 부동산 가격으로 인해 전세 보증금 부담이 커지면서 월세 전환이 더욱 가속화되고 있다. 반면 지방의 경우는 부동산 가격 하락에 따른 역전세 우려로 인해 임대인들이 먼저 월세를 선호하는 경향이 강해졌다. 특히 지방 비아파트의 월세 비중은 83%를 넘어서며 월세화가 빠르게 진행되고 있다.

아파트 월세 투자의 매력도도 크게 개선되고 있다. 전통적으로 아파트는 시세 차익 위주의 투자 대상으로 여겨져 왔으나, 최근 월세 수익률이 상당한 수준으로 개선되면서 수익형 부동산으로서의 가치가 재평가받고 있다. 서울 기준 소형 아파트의 월세 수익률이 연 3~5% 수준을 보이고 있으며, 수도권 외곽 지역의 경우 5~7%의 수익률도 기대할 수 있다.

특히 전세가율이 하락하면서 갭 투자를 통한 월세 투자의 매력도도 증가하고 있다. 매매가 대비 전세가 비율이 50~60% 수준으로 낮아지면서, 적은 자기 자본으로도 안정적인 월세 수익을 확보할 수 있는 구조가 형성됐다.

성공적인 월세 투자의 핵심

월세 투자는 안정적이지만, 월세 투자의 성공을 위해서는 먼저 세제 최적화가 필수적이다. 임대사업자 등록을 하면 상당한 절세 효과를 얻을 수 있다. 필요 경비율을 60%까지 적용받을 수 있으며(미등록 50%), 공제 금액도 400만 원으로 확대된다(미등록 200만 원). 또한 소득세 감면율도 30~75%까지 적용받을 수 있어 세 부담이 크게 줄어든다.

특히 연간 임대수입이 1,000만 원 이하인 등록 사업자의 경우, 납부할 세금이 없어 실질적인 세금 부담 없이 월세 수익을 확보할 수 있다. 소규모 월세 투자자에게는 매우 유리한 조건이다.

규모가 있는 월세 투자의 경우에도 법인 설립을 통해 세제 최적화를 고려할 수 있다. 법인은 개인 대비 낮은 세율(9~25%)이 적용되며 각종 경비 처리가 용이하다는 장점이 있다. 다만 2025년부터 부동산 임대업을 주업으로 하는 소규모 법인에 대해서는 법인세율이 19%로 인상되었으니 신중한 검토가 필요하다.

월세 투자 고유의 리스크도 존재한다. 가장 큰 리스크는 공실 위험인데, 이를 최소화하기 위해서는 교통 접근성이 우수하고 직장

밀집도가 높은 입지 선정이 핵심이다. 이러한 임대료 하락 리스크
에 대해서는 지속적인 시설 개선과 관리 서비스 향상을 통해 경쟁
력을 유지해야 한다.

관리비 증가와 세금 부담 리스크가 있는 경우에는 효율적인 관
리 시스템 구축과 임대사업자 등록을 통해 상당 부분 완화될 수 있
다. 정책 변화가 있을 때는 지속적인 모니터링을 통해 선제적으로
대응해야 한다.

안정적인 월세 수익을 위해서는 포트폴리오 다각화가 중요하
다. 지역별, 평형별, 임차인 유형별로 분산 투자해 특정 시장 변화
에 대한 노출을 최소화해야 한다. 또한 아파트와 허가 구역 오피스
텔, 상가 등 다양한 부동산 유형에 분산 투자해 수익의 안정성을 높
일 수 있다.

월세 중심으로의 구조적 전환기

당분간 월세 시장의 성장세는 지속될 것으로 보인다. 인구 구조
의 변화, 주거 패턴의 다변화, 전세 제도의 구조적 한계 등이 복합
적으로 작용해 월세 중심의 임대 시장을 형성하고 있기 때문이다.

특히 글로벌 투자자들도 한국의 월세 시장에 주목하고 있어, 기업형 임대주택 시장의 성장과 함께 월세 투자 환경이 더욱 개선될 것으로 예상된다.

추후 정부의 공공 임대주택 공급 확대 정책이 민간 월세 시장에 미칠 영향도 고려해야 한다. 공공 임대주택은 시세 대비 저렴한 임대료로 공급돼 민간 월세 시장의 가격 안정화 요인으로 작용한다. 그러나 공급 물량의 한계와 입주 자격 제한 등으로 인해 민간 월세 시장의 수요가 완전히 대체되지는 않을 것으로 판단된다.

최근 한국 부동산 시장은 전세 중심에서 월세 중심으로 전환기를 맞으며 새로운 투자 기회를 창출하고 있다. 아파트 월세 투자는 안정적인 현금 흐름과 합리적인 수익률을 동시에 제공하며 매력적인 투자 대안으로 부상하는 추세다. 하지만 성공적인 월세 투자를 위해서는 철저한 시장 분석, 정확한 수익성 계산, 체계적인 세제 최적화, 효율적인 리스크 관리가 필수적이다. 특히 임대사업자 등록을 통한 세제 혜택 활용과 입지 선정의 중요성은 아무리 강조해도 지나치지 않다.

앞으로 월세 시장 변화의 흐름을 선제적으로 읽고 체계적으로 준비하는 투자자에게는 새로운 기회의 장이 열릴 것이다. 정부의 공공 임대주택 공급 확대 정책과 민간 임대 시장의 건전한 경쟁 구도가 형성된다면, 궁극적으로는 임차인과 임대인 모두에게 도움이 되는 선순환 구조가 만들어질 것으로 보인다. 이러한 관점에서 아파트 월세 투자는 개인의 수익 추구를 넘어 건전한 임대 시장 생태계 조성에 기여하는 의미 있는 투자 활동이 될 수 있다. 물론 모든 투자가 그렇듯 충분한 연구와 신중한 접근이 전제되어야 함은 물론이다.

02.
시세 차익형 부동산 투자의 정답은 바뀌고 있다

기존의 부동산 시장에서 투지의 정답은 분명해 보였다. 아파트 중심의 시세 차익형 투자는 많은 이들에게 부를 축적할 기회를 제공했다. 강남 불패, 수도권 핵심지 투자가 마치 신념처럼 받아들여졌고, 적시에 갈아타기 전략이나 입지 선정만 잘해도 억 단위의 시세 차익을 거둘 수 있을 정도였다.

그러나 이러한 전략은 여전히 유효할까? 금리의 고착화, 인구 구조의 변화, 정부 정책의 다변화 등의 새로운 시장 환경은 투자 전략의 재편을 요구하고 있다. 그리고 그 중심에 있는 것이 바로 '수익형 부동산 투자'다. 매월 수익을 창출하는 '월세 받는 부동산'은 단지 소득 보조 수단에 머무는 것이 아니라, 시세 차익형 투자의 리스크를 보완해 주는 핵심 기둥이 될 수 있다.

이제 부동산 고수의 전략은 단순한 자산 증식만 꾀하는 것이 아니라 '버티는 힘'과 '지속 가능한 투자 기반'을 구축하는 것이 되어야 한다.

물론 아파트를 중심으로 하는 시세 차익형 투자가 무의미해졌다고 할 수는 없다. 특히 공급이 부족한 지역, 규제가 풀리는 지역, 교통 호재가 있는 지역을 잘 골라 적시에 진입하면 여전히 높은 수익률을 기대할 수 있다. 최근 서울 강남권, 세종시, 수도권 핵심 재개발 지역에서 나타나는 집값의 반등도 이러한 시세 차익형 투자의 매력을 방증하고 있다.

다만 이 방식에는 근본적인 단점이 있는데, 수익 실현까지 오랜 시간이 필요하다는 점이다. 보유 기간 동안에는 수익을 창출할 수 없으며, 매매 타이밍을 놓칠 경우에는 큰 기회비용을 초래할 수도 있다. 더구나 고점에 진입하면 수년간 자산이 묶이고, 정책 변화나 금리 변동으로 인해 손실을 볼 위험도 존재한다.

현금 흐름형 투자, 왜 지금 필요한가

시세 차익형 투자와 달리 수익형 부동산 투자는 매월 일정한 수입을 창출할 수 있어 안정적이라는 큰 장점이 있다. 다세대·다가구 주택, 소형 허가 구역 오피스텔, 꼬마빌딩, 상가, 주택임대사업 등 다양한 방식으로 구성할 수 있으며, 보유만 해도 매달 월세 수익이 쌓이게 된다. 이러한 구조는 현금 유입 이상의 가치가 있다.

먼저 첫째로 현금 흐름이 버티는 힘이 된다. 시세가 하락해도 월세는 꾸준히 들어오기 때문에, 이는 투자자의 심리적 안정감을 지켜 준다. 시장 상황이 불리해져도 자산을 손절매하지 않고 시장 회복을 기다리며 버틸 수 있는 힘을 제공하는 것이다.

둘째로는 종잣돈의 재축적이 될 수 있다. 월세 수입은 생활비를 충당해 주기도 하지만, 다시 투자금으로 활용해도 된다. 이를 통해 '현금 흐름→저축→재투자→자산 증가'라는 선순환 구조가 가능하다.

셋째, 리스크를 분산시킬 수 있다. 자산 일부는 시세 차익형에, 일부는 수익형에 배분하면 시장 변동에 대한 대응력이 높아진다. 상승기에는 시세 차익 얻을 수 있고, 조정기에도 현금 흐름이 방어막 역할을 해 주는 것이다.

마지막으로 은퇴 이후 노후를 대비하는 가장 안정적인 수입원이 되어준다. 물가 상승에 따라 임대료가 동반 상승하는 부동산의 특성상 월세 수익은 국민연금이나 퇴직연금과 더불어 또 하나의 '사적 연금' 역할을 한다. 인생의 후반을 지탱하는 기반이 되는 든든한 자산이다.

그래서 시세 차익형 투자와 현금 흐름형 투자는 상충되는 것이 아니라 유기적으로 병행할 때 가장 큰 시너지를 낸다. 자산 형성기에는 레버리지를 활용한 시세 차익형 투자로 전체 자산의 파이를 키우고, 자산 완성기에는 이를 현금 흐름형 자산으로 전환해 안정적인 삶을 확보하는 선순환 구조를 만들어야 한다. 초기 자본이 적을 때는 수익형 부동산으로 종잣돈을 마련하고, 일정 자산 규모가 되었을 때 시세 차익형으로 승부를 보는 전략이 가장 안정적이다.

예를 들면 수도권 외곽의 다세대 주택에 투자하여 월세 수익을 확보한 뒤, 이 수익으로 서울 재개발 지역 아파트 청약에 도전하거나 입주권 투자를 노리는 방식이 대표적이다. 또는 1억 원 미만의 자본으로 수익형 허가 구역 오피스텔에 투자해 매월 50만~60만 원의 월세를 확보하고, 이를 34년간 모아 3억 원 이상의 투자금으

로 종전에는 꿈도 꾸지 못했던 강북 뉴타운 투자에 진입하는 사례
도 많다.

수익형 부동산을 고르는 핵심은 '공급 대비 수요가 꾸준한지'를
보는 것이다. 이를 판단하기 위해서는 몇 가지 기준이 필요하다.

우선 1~2인 가구가 밀집한 지역, 특히 수도권 역세권이나 대학
가, 업무지구 인근 등은 안정적인 임대 수요가 보장된다. 신축 대
비 저렴한 구축 리모델링 투자도 검토해 볼 만하다. 다세대 주택,
빌라 등은 리모델링 후 임대료를 상향 조정할 수 있어 실질적인 수
익률을 높일 수 있다. 또 공공개발 예정지 인근도 봐야 한다. 역세
권 복합 개발, 신도시 계획 등이 있는 지역은 장기적으로도 안정적
인 수요가 유지된다.

하지만 지나치게 높은 수익률만을 좇다 보면 각종 리스크에 대
응하기 어려울 수 있다. 공실률, 관리의 용이성, 세입자 관리 등 현
실적인 측면도 고려하는 것이 중요하다.

부동산 투자에는 두 개의 다리가 필요하다

최근 부동산 시장의 동향을 보면 지금은 수익형 부동산 투자에 관심을 가져야 하는 타이밍이라는 것을 알 수 있다. 기준금리 인환 전환기이기 때문에, 고금리의 끝자락에서 저금리로 전환되면 시중 자금은 다시 부동산으로 유입되며 수익형 부동산의 자산 가치도 상승할 수 있다.

또한 최근 몇 년간 전세 제도에 대한 신뢰가 흔들리면서 월세 수요가 늘어나고 있어 월세형 부동산의 매력도 증가하는 추세다. 청년 및 고령층의 1인 가구 증가도 임대 수요를 늘리는 요소 중 하나다. 지속적으로 임대 수요를 만들어낼 수 있는 인구 구조가 뒷받침되고 있기 때문이다.

전통적으로 부동산 투자는 시세 차익을 목표로 하는 게 대부분이었지만, 이제 부동산 투자에도 두 개의 다리가 필요하다. 하나는 시세 차익이라는 빠른 도약을 위한 다리, 다른 하나는 현금 흐름이라는 단단한 지지대다. 둘 중 하나만으로는 멀리 가지 못한다. 특히 이제 막 투자에 뛰어들려는 초보자들이라면, 단기 수익을 꿈꾸기보다는 수익형 부동산을 통해 '현금 흐름 체력'을 먼저 키우는 것이 중요하다.

시장이 불안정할 때도 매달 월세가 통장에 들어온다면, 외부 변화에 좌우되지 않는 자신만의 투자 철학과 전략이 생긴다. 안정적인 수익이 쌓이면, 훨씬 더 큰 기회를 볼 수 있는 여유도 생긴다. 포트폴리오에 '수익형 부동산'이라는 든든한 기둥 하나를 세워 두자. 그것이 진짜 자산가들이 말하는 '버티는 힘'이며, 진정한 부동산 투자자의 기본기다.

03.
시장의 유동성이 향하는
허가 구역 오피스텔의 기회

부동산 시장은 마치 살아 있는 생물처럼, 한쪽을 강하게 누르면 다른 쪽이 부풀어 오르는 '풍선 효과'가 필연적으로 발생한다. 정부가 내놓은 '10·15 주택 시장 안정화 대책'은 아파트 시장의 과열을 막기 위해 대출 문턱을 높이겠다는 강력한 시그널이었다.

하지만 시장의 유동성은 멈추지 않고 새로운 틈새를 찾아 흘러 들었다. 규제가 강화된 곳을 벗어나 상대적으로 접근성 좋은 투자처를 찾아 도착한 종착지가 바로 '서울의 주거용 허가 구역 오피스텔'이다. 지금 허가 구역 오피스텔은 분명 기회의 문이 될 수 있으나, 잊지 말아야 할 것은 '철저한 옥석 가리기'가 선행되어야 한다는 점이다.

지금 허가 구역 오피스텔은 기회일까

허가 구역 오피스텔에 관심이 모이는 이유는 우선 '규제 차익'이 만든 유동성의 이동 때문이다. 투자자에게 가장 무서운 것은 세금이 아니라 '대출 불가'의 제한이다. 아파트 대출 규제가 강화된 지금, 주거용 허가 구역 오피스텔이 가진 가장 큰 무기는 LTV(담보인정비율) 70%라는 카드다. 주택 수 산정 등에서는 주택과 유사한 취급을 받지만, 대출 측면에서는 '준주택'으로 분류되어 규제의 칼날을 피했다.

실거주 의무가 없어 갭 투자(전세 끼고 매매)가 가능하다는 점 또한 유동성을 끌어당기는 강력한 요인이다. 이는 자금 조달 계획이 막힌 실수요자와 투자자들에게 허가 구역 오피스텔을 유일한 대안으로 만든 배경이 되었다.

또한 부동산 시장의 가장 빠른 선행 지표인 경매 시장을 살펴봐도 허가 구역 오피스텔로의 수요 변화가 뚜렷하게 나타난다. 최근 서울 주거용 허가 구역 오피스텔 낙찰률이 1년여 만에 최고치를 기록했고, 특히 송파구의 한 허가 구역 오피스텔은 감정가의 110%가 넘는 가격에 낙찰된 사례도 있었다.

경매 시장에서 감정가 이상으로 낙찰받는다는 것은, 투자자들이 지금 가격이 바닥이며, 향후 상승 여력이 충분하다고 판단했다는 명확한 증거다.

하지만 그렇다고 해서 '모든 허가 구역 오피스텔이 오른다'는 전면적 상승으로 착각해서는 안 된다. 현재 오피스텔 시장은 냉정한 양극화 현상이 벌어지고 있다. 서울의 핵심지 오피스텔은 반등 폭을 키우며 상승하고 있지만, 지방의 5개 광역시는 여전히 하락세다. 지방 오피스텔은 여전히 공급 과잉과 수요 부족의 늪에 빠져 있다.

또한 면적에 따른 수요도 완전히 다르다. 아파트를 대체할 수 있는 대형 오피스텔(일명 아파텔)의 상승률은 1.03%로 급등했다. 이는 오피스텔 수요가 임대 수익 창출 목적에서 실거주 목적으로 변화하고 있음을 의미한다.

오피스텔, 지금 사도 되는가

2025년 기준으로 서울 오피스텔의 임대 수익률은 연 4.28%로 8년 만에 최고 수준에 달했다. 전세 사기 여파로 주거 안정성을 중시하는 세입자들이 대거 월세 시장으로 유입되면서 월세 수요가 폭등했고, 이것이 곧바로 임대료 상승과 수익률 개선으로 이어졌기 때문이다. 매매가 상승을 기다리는 동안 은행 이자 이상의 월세 수익을 확보할 수 있다는 것은 하락장을 버티게 해 주는 든든한 안전판이 된다.

풍선 효과로 인한 반사 이익을 주는 부수적인 상품이 아니라, 현금 흐름형 자산의 성격을 동시에 지니고 있는 오피스텔 투자는 분명 좋은 기회가 될 수 있다. 특히 1인 가구의 폭발적인 증가와 '소유'보다 '거주'의 질을 중시하는 젊은 층의 라이프스타일 변화에 주목하면 좋다. 다만 몇 가지 필수적인 조건을 놓쳐서는 안 된다.

첫째, 무조건 서울 역세권이어야 한다. 특히 최근 상승세를 주도한 서남권, 동남권(강남 3구) 등 직주근접이 확실한 곳이 핵심이다. 해당 역세권 주변에 신규 오피스텔 분양이나 입주 물량이 쏟아져 공급 과잉이 되지는 않는지, 주변의 '월세 거래량'이 늘고 있는지도 국토부 실거래가 시스템을 통해 확인해 보길 권한다.

둘째는 상품 자체를 살펴야 한다. 원룸형보다는 아파트 수요를 흡수할 수 있는 중대형(투룸 이상)이 장기적으로 유리하다. 아파트 진입 장벽이 높아질수록 대형 오피스텔의 가치도 재평가될 것이다.

셋째, 무리한 영끌보다는 현실적인 전략을 세워야 한다. LTV 70%의 레버리지를 활용하되, 고금리를 감당할 수 있는 월세 수익률이 받쳐 주는 물건을 선택하는 것이 좋다. 또 오피스텔의 취득세는 4.6%로 아파트보다 높다는 점도 고려해야 한다.

지금 오피스텔의 상승세는 아파트 시장 진입이 어려워진 구조적 환경 변화에 기인하고 있다. 남들이 막연히 공포를 느낄 때, 데이터를 믿고 핵심 입지의 '대체 주거 상품'을 선점하는 것이 바로 투자의 정석이다.

04.
현재의 보상 vs. 미래의 가치 상승

　부동산 투자는 장기적인 자산 형성과 안정적인 수익을 창출하는 중요한 전략적 선택지 중 하나다. 그 이면에는 투자자의 성향과 심리적 요인이 깊숙이 작용한다. 대표적으로 누군가는 '지금 당장 수익이 나야 한다'고 생각하고, 다른 누군가는 '시간을 들여 장기적인 이익을 추구해야 한다'고 생각할 것이다. 그래서 부동산 투자에 있어 시간 할인과 시간 선호율은 매우 중요한 변수다. 이 두 선택에 따라서 투자자의 의사 결정 방식도 달라지게 된다.

현재의 보상이 중요한 '시간 할인'

먼저, 시간 할인(Time Discounting)이란 사람들이 미래의 보상보다는 현재의 보상을 더 가치 있게 여기는 심리를 말한다. 투자자 입장에서 당장의 수익을 얻을 수 있는 자산에 더 높은 가치를 부여한다는 것이다.

예를 들어, 단기적인 매매 차익을 노리는 투자자들은 갭 투자나 분양권 전매와 같은 방식에 집중하는 경향이 있다. 이는 빠른 시간 안에 투자금을 회수하고 수익을 극대화하기 위한 전략이지만, 동시에 단기 시장 변동성에 큰 영향을 받을 가능성이 높다.

반면 장기적인 부동산 가치 상승을 고려하는 투자자는 주로 임대 수익형 부동산이나 재건축·재개발 기대 지역에 투자하며, 시간이 지남에 따라 자산 가치를 극대화하는 전략을 취한다. 시간 할인의 영향을 덜 받으면서, 당장의 수익보다 미래의 높은 보상을 더 중요하게 생각하는 것이다.

현실적으로는 시간 할인 효과에 의해 장기 투자보다는 단기 투자에 더 큰 매력을 느끼는 투자자들이 많다. 특히나 시장이 단기적인 호황을 보일 때는 단기 투자 전략에 더 쉽게 끌리기 마련이다.

다만 이러한 심리가 모였을 때 시장은 과열되고, 거품 형성이나 투기 과열 등의 현상으로 이어지기도 한다.

'시간 선호율'이 낮은 부동산 투자 전략

시간 선호율(Time Preference)은 개인이 현재 소비와 미래 소비 사이에서 어느 정도의 균형을 유지하는지를 나타내는 개념이다. 시간 선호율이 높은 투자자는 단기적 수익을 중요하게 여기며, 시간 선호율이 낮은 투자자는 장기적인 자산 증식에 더 초점을 두는 경향이 있다.

이리힌 차이는 투자의 진락으로 이어진다. 시간 신호율이 높은 투자자는 일반적으로 단기 매매(플리핑) 투자로 부동산을 빠르게 사고 팔아 차익을 실현하는 전략을 선호한다. 혹은 전세를 활용한 갭 투자로 초기 투자금을 최소화하며 빠른 시세 차익을 기대하거나, 분양권 전매로 짧은 기간 내에 프리미엄을 받고 매도하는 전략을 쓰기도 한다.

이러한 투자 방식은 부동산 시장이 상승기일 때 큰 수익을 기대할 수 있지만, 시장이 침체될 경우 리스크가 커지므로 단기적 변동성이 큰 시기엔 신중한 접근이 필요하다.

반면, 시간 선호율이 낮은 투자자는 장기적인 가치 상승과 안정적인 수익 창출을 우선시한다. 이를테면 임대 수익형 부동산 으로 매월 꾸준한 현금 흐름을 확보하고, 장기적인 도시 발전과 부동산 가치 상승을 위한 도시 재개발 지역에 투자하는 전략을 선택하는 것이다. 우량 입지의 아파트를 오랜 기간 보유하며 안정적인 가치 상승을 기대하는 것도 방법이다.

장기적 관점에서 부동산을 바라보는 투자자는 단기적인 시장 변동성에 흔들리지 않으며, 복리 효과를 극대화할 수 있는 장점이 있다. 이때는 특히 인구 구조 변화, 도시 개발, 인프라 확장과 같은 거시적 요인을 고려하게 된다.

성향과 목적에 맞는 전략

시간 할인과 시간 선효율의 개념을 부동산 투자에 적용했을 때, 중요한 것은 나에게 어떤 전략이 맞는지 체크하는 것이다. 단기 수익을 원하는 투자자가 장기 보유 전략을 선택하면 조금만 가격이 변동해도 불안해지고, 장기 성향의 투자자가 단기 매매에 뛰어들면 압박감에 지치기 쉽다. 자신의 심리적 성향과 투자 목표를 일치시켜야 장기적인 성공 가능성을 높일 수 있을 것이다.

한편 시간 할인의 영향을 줄이려면 장기 보유를 통해 복리 효과를 극대화하는 전략을 취하는 것이 좋다. 예를 들어, 임대 수익을 지속적으로 재투자하면 시간이 지날수록 총 자산이 기하급수적으로 증가할 수 있다. 또한, 장기적인 보유는 세금 절감 효과와 시장 변동성 완화에도 유리하다.

시장 상황에 따라 단기 투자와 장기 투자를 적절히 배분하는 포트폴리오 전략도 필요하다. 경기 호황기에는 단기 차익 실현이 가능한 투자 비중을 늘리고, 경기 침체기에는 장기적 가치 상승이 기대되는 안정적인 투지 비중을 높이는 것이다. 이러한 전략을 통헤 시장 변화에 유연하게 대응하면서도 장기적인 부동산 자산 증식을 꾀할 수 있다.

부동산 투자는 자산 거래를 넘어 투자자의 심리적 요인과 밀접한 관계를 맺는다. 시간 할인과 시간 선호율은 투자자의 결정에 큰 영향을 미치며, 서로 다른 결과를 초래할 수 있다. 따라서 단기적인 시장 변화에 휘둘리기보다 장기적인 트렌드를 분석하고 복리 효과를 활용하는 것이 성공적인 부동산 투자가 될 것이다. 궁극적

으로는 단기와 장기의 균형을 맞춘 투자 전략을 수립하고 자신의
투자 성향을 명확히 파악하여 수익을 창출해 나가야 한다.

05.
규제는 수요를 멈출 수 없다

정책이 강화되면 시장의 유동성은 멈출까? 보통 대출 규제가 강화되면 거래가 급감할 것이라고 예상하지만, 실제 시장은 다르게 반응할 때가 많다. 10·15 대책 이후 거래 절벽이 예상되었지만, 정작 '부동산 풍향계'로 불리는 송파구는 2025년 11월에 거래 415건으로 최근 6년 중 최대치를 찍었다. 10월의 막차 598건에서 숨 고르기는 했지만, 전년 동월(275건) 대비 50.9%나 급증한 수치다.

숫자는 거짓말을 하지 않는다. 결국 규제는 수요를 죽이지 못했고, 다만 형태를 바꿀 뿐이다. 송파 거래를 끌어올린 주인공은 '15억 원 미만' + '전용 면적 80m^2 미만'의 중소형 매물이었다. 즉 사고 싶어서 사는 것은 아니더라도 '살 수 있는 범위'에서 몸집을 줄인

거래가 늘어나는 현상이 또렷하게 나타난 것이다.

소형 프리미엄도 구조화될 수 있다

대출이 막히면 소비자들은 두 가지 선택 중 하나를 하게 된다. 손을 놓고 관망하거나, 조건을 바꿔서라도 진입하는 것이다. 송파에서 나타난 움직임은 두 번째에 가깝다. 고가 대형 대신에 평수를 줄였고, 타입을 바꾸었지만 '서울, 그중에서도 송파 진입'이라는 목표는 버리지 않았다.

모든 매수가 정답이 될 수는 없지만, 거래가 계속된다는 것은 '상승 기대'가 시장의 밑바닥에 살아 있다는 뜻이다. 특히 송파처럼 수요층이 두껍고 대체지가 제한적인 곳에서는 강한 규제도 '수요를 취소'하기보다 수요를 '축소하고, 재배치'하게 만드는 경향이 강하다.

결국 공급이 줄어들 가능성이 커진 상황에서 사람들은 '나중에 더 비싸질 것'을 두려워하여 '지금 가능한 선택'을 찾아 움직인다. 대형을 못 사면 소형으로, 20억이 부담이라면 15억 아래로, 레버리지가 막히면 자기 자본을 더 태워서라도 '거래의 우회로'를 선택하는 것이다. 정책이 시장을 눌러도, 욕망까지 압류할 수는 없다.

많은 사람이 소형 물건의 선호를 일시적인 현상이라고 바라본다. 하지만 소형 거래의 증가는 '유형'이 아니라 '제약의 결과'이며, 제약이 길어지면 현상은 구조가 될 수 있다. 15억 기준선 아래로 거래가 몰리면 그 라인에서도 경쟁이 발생하게 된다. 경쟁이 생기면 가격에는 프리미엄이 붙는 구간이 생긴다. 특히 송파처럼 학군·생활·교통·브랜드 단지가 결합된 곳은 소형도 '대체제'가 아니라 '진입권'으로 기능하기 때문에, 여전히 그 가치는 높게 평가받는다.

결국 몸집은 줄였지만 이는 시장이 약해졌다는 뜻이 아니라, 오히려 강한 집착의 신호로 해식해야 한다. 규세에도 불구하고 매매심리가 꺾이지 않았다는 것은 기대 심리가 여전히 살아남아 있다는 뜻이다. 지금은 거래가 '어디로 이동했는지'가 더욱 중요하다. 무엇을 포기했지만, 또 무엇을 가능하게 할 것인가? 시장은 용감한 사람의 것이 아니다. '가능한 선택'을 실행하는 사람의 것이다.

06.
상급지 갈아타기 vs. 단기 투자, 선택의 시장

끊임없이 변화하는 부동산 시장에서 투자자들은 자신의 재정 상황과 시장의 조건에 따라 최적의 전략을 선택해야 한다. 더 나은 입지로 이동하여 격차를 줄일 것인가, 아니면 단기 투자를 통해 수익을 먼저 확보할 것인가? 이 둘은 표면적으로는 정반대의 전략처럼 보이지만 실제로는 시장을 바라보는 관점이 다를 뿐, 어느 한쪽이 더 정답에 가깝다고 보기는 어렵다. 투자자의 상황이나 성향에 따라서 잘 맞는 전략을 택하는 것이 포인트다.

현 시장에서 더 합리적인 선택은 무엇인가

먼저 상급지 갈아타기는 주로 자신의 현재 거주지보다 더 높은 가격대와 더 나은 입지의 부동산으로 이동하는 것을 의미한다. 주로 자산 가치의 상승과 더 나은 생활 환경을 추구하기 위한 전략이다. 상급지 아파트는 일반적으로 일자리, 학군, 교통, 생활 인프라가 우수하게 결합되어 있어 장기적으로 자산 가치가 유지되거나 상승할 가능성이 높다. 실제로 가격의 하락 폭이 작고, 상승 시에는 더 큰 폭으로 오르는 경향이 있다.

단기 투자의 경우에는 주로 부동산 경매나 저평가된 자산을 활용하여 짧은 기간 내에 수익을 창출하는 전략을 말한다. 시장의 단기적인 변동을 활용한 빠른 현금 회수를 목표로 하는데, 소액으로도 시작할 수 있으며 투자 기간이 짧아 빠른 수익 실현이 가능하다는 장점이 있다.

그렇다면 현재 부동산 시점에서는 상급지 갈아타기와 단기 투자 중 어떤 방법이 적합할까? 상급지 갈아타기는 장기적인 자산 가치 상승과 생활 환경 개선을 목표로 하는 경우에 선택할 수 있다. 하지만 높은 초기 자금이 필요하며, 사실상 지금은 상급지로의 갈아타기가 쉽지는 않다. 중급지와 하급지의 가격 하락이 심각한 경우가 많기 때문에 내 집을 싸게 팔고 다른 집은 비싸게 사는 상황이 발생할 수 있다. 따라서 상급지로 갈아타기는 신중한 접근이 필요한 시점이다.

반면, 단기 투자는 시장의 단기적인 변동성을 활용할 수 있는 기회를 제공한다. 특히 부동산 경매를 통해 저평가된 자산을 매입하고 시세로 되팔아 수익을 창출할 수 있다. 다만 시장의 변동성에 민감하게 반응해야 하므로, 자칫 타이밍을 잘못 잡으면 손실을 잃을 수도 있으니 주의해야 한다. 높은 위험을 수반하며, 투자자의 경험과 시장 분석 능력이 중요한 방식이다.

결국 상급지 갈아타기와 단기 투자 중에서 어떤 전략을 선택할 것인지는 투자자의 재정 상황과 목표에 따라 달라진다. 자신의 재정 상황과 목표에 맞는 전략을 선택해야 하며, 시장의 변동성을 신중하게 분석하고 대응하는 것이 중요하다.

구체적인 실행 전략

상급지 갈아타기와 단기 투자의 두 방식을 실현할 때는 구체적으로 어떠한 전략이 필요할까?

우선 매물 찾기 전략을 살펴보자. 상급지로 갈아타기 위해서는 무엇보다 우량 매물을 찾는 것이 중요하다. 우수한 학군, 교통 접근성, 생활 인프라 등의 편의 시설 밀집도 등을 꼼꼼하게 확인해야 한다. 부동산 앱이나 중개 플랫폼을 활용하는 것도 좋지만, 가장 효과적인 방법은 현장 조사를 통한 접근이다. 주말이나 평일 저녁 시간을 활용하여 직접 방문해 매물의 실제 상태, 단지 환경, 주민들의 만족도를 점검해야 한다. 특히 재건축이나 리모델링 추진 가능성이 있는 단지를 중점적으로 살펴보는 것이 좋다.

단기 투자에서는 저평가된 급매물을 찾는 것이 핵심이다. 부동산 경매 정보 사이트를 활용해 경매 물건의 감정가 대비 매각가율이 낮은 매물을 선별해야 한다. 입찰 예정 매물의 권리 분석과 현장 방문을 병행하여 입찰가를 정하는 것이 중요하다. 또한 급매물이 자주 나오는 지역 내 공인중개사와 네트워크를 구축하여 급매물 정보를 우선적으로 받을 수 있도록 관계를 맺는 것도 효과적이다.

다음으로 자금 마련 전략이다. 상급지 갈아타기에서는 가장 큰 난관이 초기 자금을 마련하는 것이다. 이때 보유한 부동산을 활용한 레버리지 전략을 적극 검토해야 한다. 대표적으로 주택담보대출의 활용이 있으며, 보금자리론, 디딤돌대출 등 정부 정책 대출 상품을 적극 활용하여 자금 비용을 최소화할 필요가 있다. 주택연금이나 전세금 반환 보증을 활용해 기존 자산에서 추가적인 자금을 유동화하는 방법도 고려할 수 있다.

단기 투자는 소액으로 시작 가능한 장점이 있지만, 보다 유연한 자금 조달이 필요하다. 이때는 신용 대출이나 마이너스 통장 등 단기 금융상품을 적극 활용해야 한다. 특히 저금리 상황에서 단기 이자 비용과 투자 회수 기간을 철저히 계산하여 리스크를 최소화하는 것이 좋다. 투자 기간 내 회수가 확실한 경우에만 단기 금융상품을 활용하는 것이 중요하다.

마지막으로 매도 전략이다. 상급지로 갈아탈 경우, 기존 주택의 매도 시점을 신중하게 선택해야 한다. 시장 상승기보다는 횡보나 하락 직전에 매도하여 차익을 극대화하는 전략이 필요하다. 매도 타이밍을 놓쳤다면 전세나 월세 전환을 통해 현금 흐름을 확보하면서, 시장 반등을 기다리는 방법도 현명한 접근이다.

단기 투자에서는 빠른 매도 전략이 핵심이다. 매입 직후 부동산 리모델링을 통한 가치 상승 후 즉시 시장에 매물을 내놓는 것이 일반적이다. 또한 매수자를 찾기 위해 부동산 플랫폼을 적극 활용하고, 주변 중개업소와 적극 협력하여 빠르게 매도하는 것이 중요하다. 타이밍을 놓치지 않기 위해 시세 상승 직후 신속하게 처분하여 빠른 자금 회수를 해야 한다.

상급지 갈아타기와 단기 투자에는 각각의 장점과 리스크가 있다. 상급지 갈아타기는 장기적 관점에서 안정적이지만 초기 자금 부담이 있고 세금 이슈를 꼼꼼히 관리해야 한다. 단기 투자는 짧은 기간 내에 높은 수익률을 기대할 수 있지만 리스크 관리와 철저한 세무 처리가 중요하다. 자신의 재정 상태와 목표에 맞춰 철저히 시장을 분석하고 전략을 세워야 할 것이다.

시장 변화에 따른 전략적 대응 능력과 자금 조달 계획, 매도 및 세무 전략까지 전 과정을 통합적으로 관리할 때 부동산 투자에서 성공적인 결과를 얻을 수 있다.

07.
청년 인구 감소가 바꾸는
주거의 새로운 질서

최근 발표된 통계청 자료에 의하면 1990년에 전체 인구의 31.9%를 차지하던 만 19~34세 청년층이 2020년에는 20.4%로 급 감했고, 2050년에는 11%까지 떨어질 것으로 전망된다고 한다. 가 히 '인구 재앙'이라고 불릴 만한 추세다.

그러나 흥미로운 점은 청년 인구는 줄어드는데, 부동산 시장에 서의 청년 영향력은 오히려 정교하고 강력해지고 있다는 사실이 다. 고학력화, 여성 경제 활동 인구의 폭발적 증가, 그리고 '부모로 부터의 독립'이라는 키워드가 맞물리면서 주택 시장의 문법이 통째로 바뀌고 있다. 남은 청년들은 어디로 움직이고 있으며, 그로 인해 부동산 시장은 어떻게 바뀌고 있는가?

줄어드는 청년과 수요의 방향성

우선 청년 세대에서 지배적으로 나타나는 주거의 개인화 측면부터 살펴보자. 현 세대의 청년들은 결혼을 생애 필수 과업이 아니라 '선택'으로 인식한다. 과거에는 결혼이 독립으로 이어졌지만, 지금은 독립의 가장 주된 이유가 '직장'으로 바뀌고 있다.

이는 청년 주요 수요가 철저하게 '직주근접'에 기반하고 있다는 사실을 보여 준다. 그래서 대가족 중심의 대형 평수 아파트 수요는 정체되는 반면, 1인 가구의 라이프스타일을 지원하는 '프리미엄 소형 주거' 시장이 급성장하고 있다.

더불어 청년의 53.8%가 수도권에 거주하고 있을 만큼, 인프라와 일자리가 집중된 곳으로 수요가 쏠리는 현상이 나타난다. 청년 인구가 감소하는 지방 부동산이 하락세를 타는 반면 서울 및 경기 핵심지는 청년 수요가 더욱 공고해지며 양극화를 불러일으키고 있다.

청년 인구의 경제 활동도 부동산 시장의 변화를 야기하는 요소 중 하나다. 대학 졸업자 비중에서 여성이 58.4%로 남성을 압도했고, 경제 활동 참여율도 빠르게 상승하면서 여성 1인 가구의 수요도 늘어났다. 여성 1인 가구의 경우 주택을 선택할 때 '보안'과 '편의성'을 가장 우선시하는 경향이 있어서 CCTV, 무인 택배함, 초역세권 입지를 갖춘 주거 공간의 프리미엄이 더욱 높아질 것으로 보인다.

또 청년층에서는 학업을 하면서 경제 활동을 경험하는 비중도 상승했다. 이들은 근로 소득에만 전적으로 의존하지 않고 배당주 투자, 코인, 블로그나 유튜브 등을 통한 파이프라인 구축에 능숙한 세대다. 이러한 '조기 자본 교육'은 부동산 시장에서도 '청약 가점' 대신에 '분양권 전매'나 '경매'와 같은 전략적 접근으로 나타난다.

청년들의 주거 점유 형태도 변화하고 있다. 최근 통계를 보면 혼자 사는 청년들의 월세 비중이 감소하고 전세나 자가의 비중이 늘어나고 있다. 이는 청년들이 주거를 자산 증식의 수단으로 인식하기 시작했다는 뜻이다.

점유 형태	2015년 비중	2020년 비중	변동폭
월세	65.6%	58.2%	-7.4%p
전세	20.6%	26.6%	+6.0%p
자가	7.7%	10.5%	+2.8%p

주거 점유 형태 비중 변화(2015~2020년)

특히 과거에는 혼자 살 경우 빌라나 원룸이 공식처럼 여겨졌지만, 지금은 청년 1인 가구의 아파트 거주 비중이 폭발적으로 증가하고 있다. 쾌적한 환경, 커뮤니티 시설, 향후 자산 가치 상승을 고려해 '나 홀로 아파트'라도 아파트를 선호하는 경향이 뚜렷하게 나타난다. 즉 청년들의 주거 수요가 상향되고 있는 것이다.

청년 세대를 위한 부동산 실전 투자 전략

청년 인구 감소 시대에서도 살아남는 부동산을 고르는 '눈'이 필요하다. 수요의 변화에 따라 시장에서 살아남는 부동산을 고르려면, 첫째로 1인 가구에 최적화된 소형 아파트에 집중해야 한다. 이제 20평대(전용 면적 59㎡)는 '소형'이 아니라 '표준'이 되었다. 더 나아가 전용 면적 39㎡와 49㎡ 규모의 고품격 소형 아파트도 청년 1인 가구의 강력한 지지를 받고 있다. 지하철 역세권 500m 이내, 커뮤니티가 잘 갖춰진 신축 소형 단지에 주목할 필요가 있다.

둘째로는 분양권과 청약 제도를 전략적으로 활용하는 것이 중요하다. 기존 아파트 가격이 부담스럽다면 정부의 청년 특별공급 정책을 적극 활용해야 한다. 결혼하지 않아도 생애 최초 주택 구입자에게는 '미혼 청년 특공'의 기회가 열려 있고, 가점이 낮은 청년들을 위한 추첨제 비중도 늘어난 만큼 수도권 주요 거점의 청약에도 도전해 보는 것이 좋다.

셋째로, '직주근접'은 절대 배신하지 않는다. 인구가 줄어들수록 출퇴근 시간은 기회비용의 핵심이 된다. 판교, 마곡, 성수, 강남 등 양질의 일자리가 밀집한 곳으로의 접근성이 곧 부동산의 가치라고 볼 수 있다. 비수도권이라면 최소한 해당 지역의 '거점 도시' 중심지를 공략해야 한다.

지금 청년 세대에게 가장 중요한 것은 자산 증식을 위해 시장에 머무는 마인드셋을 갖추는 것이다. 부동산 투자는 '집 한 채'를 사는 행위가 아니다. 자신의 신용을 레버리지화하여 인플레이션에 방어막을 치는 경제적 행위에 가깝다. 당장 집을 살 능력이 없다고 해서 부동산 자체를 멀리하지 말고, 시드를 모으는 동안에도 시장에 머물러 있어야 한다. 가격의 흐름을 읽는 눈은 하루아침에 생기지 않기 때문에, 가격 흐름과 입지 구조 등을 꾸준히 관찰해야 기회가 왔을 때 잡을 수 있다.

또한 부동산은 결국 '금융'과 연결된다. 주택 담보 대출 이자를 감당할 수 있는 현금 흐름을 배당주나 부업으로 만들어 두면 하락기에도 버틸 수 있는 체력이 생긴다. 최근 부모 세대의 자산이 자녀 세대로 이동하는 속도가 빨라지고 있는 만큼 부모 세대의 도움을 받는 것도 방법이지만 그 자산을 운영하는 능력은 온전히 스스로 길러야 한다는 사실을 잊지 말자.

통계는 그 뒤에 숨은 파도와 같은 흐름을 알려주고 있다. 인구는 줄어들지만 '더 좋은 곳에서, 더 독립적으로, 더 품격 있게' 살고 싶은 인간의 욕망은 줄어들지 않는다. 오히려 공급이 제한된 핵심지의 가치가 희소성으로 인해 더욱 높아질 것이다. 청년 인구 감소라는 시대적 흐름 속에서 새롭게 재편되는 가치를 발견한다면 그 결과는 시간이 흐른 뒤에 최고의 선택으로 증명될 수 있다.

08.
초양극화 시대, 살아남는 5대 입지

2025년이 금리 인하의 시그널과 함께 시장의 바닥을 다지는 '탐색의 시간'이었다면 2026년은 명백한 '선택과 집중의 해'가 될 가능성이 높다. 과거의 상승장처럼 모든 배가 함께 떠오르는 유동성의 밀물 장세는 끝났으며, 이제는 유동성의 힘만이 아니라 '희소성'과 '실사용 가치'가 검증된 곳만이 살아남는 이른바 '초양극화(Super-Polarization)'의 시대에 들어서고 있다.

공급 부족과 건축비 상승이 겹치며 앞으로 대한민국 부동산의 미래는 모두가 갈망하지만, 아무나 가질 수 없는 곳에 가장 큰 가치를 부여하게 될 것이다. 그렇다면 흔들리는 시장 속에서도 단단하게 자리 잡을 수 있는 곳, 2026년에 반드시 주목해야 하는 입지의 조건은 무엇일까?

초양극화 시대, 주목해야 하는 다섯 가지 입지

가장 먼저 주목해야 할 곳은 두말할 나위 없이 '서울의 심장'이라 불리는 핵심지들이다. 부동산 불패 신화의 중심에는 언제나 직주근접이 있었으나, 앞으로는 이 개념이 '직주일체(職住一體)'로 진화할 것으로 보인다.

특히 강남과 서초는 주거지를 넘어 대한민국 부동산의 '기축통화'로서의 지위를 공고히 할 것이다. 토지거래허가 구역 등 규제 완화에 대한 기대감과 함께, 압구정과 반포, 대치를 중심으로 한 재건축 단지들은 다시 한 번 가격의 상단을 뚫으며 시장 전체의 이정표 역할을 할 것으로 보인다. 이곳은 하락장에서는 가장 늦게 떨어지고 상승장에서는 가장 먼저 오르는 안전 자산이기에, 진입 지체가 곧 자산 방어의 수단이기도 하다.

더불어 '10년 후의 강남'으로 불리는 용산 역시 놓쳐선 안 될 곳이다. 국제업무지구 개발과 한남뉴타운의 윤곽이 드러나면서, 용산의 미래 가치도 곧 구체적인 현실로 치환될 것으로 전망된다.

두 번째로는 '시간을 사는 투자', 바로 GTX(수도권광역급행철도) 혁명을 주목해야 한다. GTX는 물리적 거리를 시간적 거리로 압축하는 인프라로서, 2026년에는 실질적인 가동이 가시화되면서 삶의 변화를 이끌게 될 것으로 보인다.

삼성역 개통이 가시화됨에 따라 동탄역과 운정역 역세권은 사실상 서울 생활권으로 편입되며 재평가를 받게 될 것이다. 특히 경기 남부의 대장주로 떠오른 동탄역 인근 랜드마크 단지들은 서울 마포나 성동구의 기축 아파트 시세를 위협할 만큼 성장 잠재력이 크다.

또한 아직 착공 초기 단계인 GTX-B, GTX-C 노선의 경우, 청량리와 인덕원 같은 주요 환승 거점을 선점하는 전략이 유효하다. 교통망의 확충은 곧 도시의 혈관이 뚫리는 것과 같아서 그 주변부의 가치는 계단식으로 상승할 수밖에 없다.

세 번째로 눈여겨볼 만한 테마는 '뉴빌(New Ville)의 시대', 즉 1기 신도시의 화려한 부활이다. 노후계획도시 특별법의 본격적인 적용과 함께 분당, 일산, 평촌 등이 낡은 구축 밭에서 '재건축 유망주'로 다시 태어나고 있다. 그중에서도 '천당 아래 분당'이라는 수식어를 가진 분당은 가장 강력한 사업성을 자랑한다. 강남 접근성과 학군, 인프라가 이미 완성된 상태에서 재건축이라는 날개를 달게 되는 셈이다.

다만 모든 단지가 수혜를 입는 것은 아니다. 역세권과 통합 재건축이 가능한 대단지, 대지 지분이 높은 곳을 선별하는 혜안이 필요하다. 2026년에는 선도지구로 지정된 단지들이 시세를 이끌고, 주변 단지들이 '키 맞추기'를 하며 전체적인 가치가 상승할 가능성이 높다.

네 번째는 '얼죽신(얼어 죽어도 신축)' 트렌드의 심화와 서울 뉴타운의 완성이다. 원자재 가격 급등과 제로 에너지 건축 의무화 등으로 인해 분양가 상승은 이제 거스를 수 없는 대세가 되었다. 이는 기존 신축 아파트와 분양권의 희소성을 더욱 부각시킨다.

장위, 이문·휘경, 수색·증산 등 서울 강북권의 대규모 뉴타운들이 입주를 마치고 인프라가 안정되면서, 새로운 '강북의 신흥 주거 벨트'가 형성되고 있다. 서울 진입이 부담스러운 수요자라면 광명이나 성남(구성남)처럼 서울과 맞닿은 '서울 옆세권'의 대규모 정비 사업지를 눈여겨봐야 한다. 이곳들은 행정 구역상 경기도지만, 생활권과 시세 흐름은 서울과 궤를 같이하는 곳들이다.

마지막으로 인구 구조의 변화가 가리키는 입지에 주목해야 한다. 초고령화 사회로 진입하면서 대형 병원 접근성, 이른바 '병세권'은 집값을 결정하는 중요한 척도가 되고 있다. 강남 세브란스, 아산병원, 삼성서울병원 인근 주거지는 고령 자산가들의 탄탄한 수요 덕분에 하방 경직성이 매우 강하다.

반면, 젊은 고소득 엔지니어들이 모이는 '반도체 벨트'는 도시의 젊음을 유지하는 동력이다. 용인 남사·이동의 시스템 반도체 클러스터와 평택 고덕신도시는 국가 차원의 일자리가 집중되는 곳이다. 일자리가 있는 곳에 사람이 모이고, 사람이 모이는 곳에 돈이 돈다는 부동산의 기본 원칙은 여전히 유효하다.

결론적으로 2026년 부동산 시장은 '평균의 실종'으로 설명될 수 있다. 좋은 입지는 더 비싸지고, 애매한 입지는 철저히 소외되는 차별화 장세가 펼쳐질 것이다. 무주택자라면 청약만을 기다리기보다 서울 외곽이나 경기 핵심지의 급매물 기축을 매수하여 자산 사다리의 첫 번째 칸을 밟아야 한다. 1주택자에게는 지금이 상급지로 갈아탈 수 있는 골든타임이며, 다주택자는 비핵심 매물을 정리하고 똘똘한 한 채로 포트폴리오를 재편해야 할 때다.

기회는 막연한 공포나 기대 속에 있지 않다. 냉철한 입지 분석과 자신의 자금 여력에 맞춘 과감한 실행력 속에 있다. 2026년, 거센 파도 속에서도 굳건한 '입지의 바위'를 선점하여 자산을 한 단계 도약해 내는 원년이 되기를 바란다.

5장

내 집 마련의 현실 전략

01.
신혼부부의 첫 집보다
먼저 결정해야 할 것

신혼부부가 첫 집을 살 때는 드디어 '내 집이 생긴다'는 꿈으로 시작하지만, 현실에서는 다양한 한계와 압박에 부딪히게 된다. 기본적으로 주거 안정이 중요하지만 대출 상환과 생활비를 고려한 현금 흐름도 생각해야 하고, 이후 출산이나 육아 등의 가족 계획도 놓칠 수 없다. 그런데 이 세 압력은 서로를 반대 방향으로 당긴다. 안정은 고정비를 키우고, 현금 흐름은 선택지를 줄이며, 가족 계획은 집의 '스펙'과 '입지'를 단숨에 바꾸는 것이다.

집을 선택하기 전에 답해야 할 질문

신혼부부가 집을 살 때는 '전세가 좋아요? 매매가 좋아요?'라는 이분법에서 정답을 찾는 것이 아니라, 다양한 조건을 바탕으로 3~7년에 거친 긴 프로젝트를 진행한다고 생각하는 것이 좋다. 시장의 가격 추이만 살펴보거나, 자금 규모에 맞춰 살 수 있는 집에만 초점을 맞추게 되면 오답을 만날 확률이 높다. 신혼부부는 '가격'보다 먼저 '살림의 밑그림'부터 잡아 두어야 한다. 먼저 현실적인 다섯 가지 질문에 답해 보자.

Q1. 현금(=내 돈+확정된 지원금)은 얼마인가?

- 계약금·중도금·잔금 타이밍을 버틸 수 있는가?

- '부모 지원'은 확정 금액+확정 시점인지, 필요하면 보와준다는 수준인지(가장 위험) 확인한다.

Q2. 소득은 크기보다 형태가 안정적인가?

- 맞벌이지만 한쪽이 프리랜서/성과급/사업 소득이면 은행 심사가 달라진다.

- 대출 한도는 금리 전망보다 DSR 체계에 먼저 묶인다. 특히 스트레스 DSR 3단계는 2025년 7월 1일부터 예정대로 시행되며, 스트레스 금리 1.50%를 적용하는 방식으로 미래 금리 변

동 위험을 반영해 대출 한도를 산출한다. 지방 주담대에는 0.75%를 적용한다는 점도 확인된다.

Q3. 출산·자녀 계획의 시점은 언제인가?

- 0~18개월 내: 집은 '투자재'보다 육아 인프라가 된다.
- 2~3년 후: 지금은 옵션 가치(이동성)가 더 중요할 수 있다.
- 미정: 미정은 사실상 변동 가능성이 매우 큰 상태로 봐야 한다. 변동성 큰 가정일수록 고정비(상환액)를 줄여야 한다.

Q4. 거주 기간 목표는 2년인가, 5년인가, 10년인가?

- 2년은 전세/준전세/임대가 유리한 경우가 많다.
- 5년 이상이면 매매가 유리해지는 구간이 빠르게 늘어난다(거래 비용을 상쇄).

Q5. '상급지 갈아타기'를 할 것인가, '장기 거주'를 할 것인가?

- 갈아타기형: 첫 집은 완성품이 아니라 발판(환금성·수요층·학군·역세권)
- 장기 거주형: 첫 집이 곧 '마지막 집'이 될 확률이 높으니 생활 동선과 주거 품질을 최우선으로 고려해야 한다.

전세가 전략이 되는 법

신혼부부의 주거 형태가 안정적이고 미래 계획이 분명한 편이라서 5년 이상의 거주가 확정적이라면 전세보다는 매매도 좋은 선택이 된다. 거래 비용을 상쇄할 수 있는 시간과, 생활 동선이 크게 변하지 않는다는 전제가 있다면 집을 소유하는 선택이 재무적으로도 합리적일 수 있다.

다만 전세를 '내 집을 포기한 선택'처럼 오해할 필요는 없다. 신혼부부에게 전세는 오히려 시간을 사는 금융 전략이 될 수도 있기 때문이다. 아직 확정되지 않은 변수가 많은 시기에는 전세를 통해 여러 변수를 조율하고 리스크를 줄이는 것도 좋은 방법이다. 다만 몇 가지 조진을 고려해아 한다.

우선 0~2년 안에 직장이나 지역 이동의 가능성이 크다면 매매는 오히려 족쇄가 된다. 승진, 이직, 발령, 창업, 유학 등의 변수가 있는데 집을 사게 되면 이동성이 막힐 수 있으니 신중하게 생각해야 한다. 이 시기에는 삶의 변수에 따른 자유로운 이동성을 확보하는 것이 자산 증식보다 더 중요한 가치가 될 수 있다.

출산이 임박했는데 집의 크기나 입지가 아직 확정되지 않은 경우도 마찬가지다. 아이 한 명이 생기면 '수면·동선·소음·엘리베이터·주차·어린이집'이 가격보다 중요해진다. 이 시기에 무리한 매매는 집이 아니라 스트레스를 사는 결과가 된다.

또한 신혼부부가 간과하기 쉬운 점 중의 하나는 대출이 '가능'한지보다 '지속 가능한지'가 훨씬 중요하다는 사실이다. 대출이 나온다고 해서 전부가 아니라, 매달 버틸 수 있는지를 확인해야 한다. 현실적으로는 원리금 상환액+관리비+보험료의 합계가 세후 가구소득의 30~35%를 넘기면 집은 자산이 아니라 부담이 된다. 40%를 넘기게 되면 출산이나 이직, 질병 등의 작은 사건 하나하나에도 삶이 흔들린다.

만약 전세를 선택했다면, 24개월 안에는 '다음 단계를 반드시 정해야 한다. 경매를 노리고 있거나, 상급지 갈아타기를 준비 중이라면 전세를 살면서 준비 기간을 가질 수 있지만, 다음 플랜이 없다면 이는 시간 낭비에 불과할 수도 있다.

이때 신혼부부 전세는 '그냥 전세'와 '정책자금 전세'의 체감 난이도가 다르다. 예를 들어 신혼부부전용 전세 자금은 부부합산 연소득 7억 5,000만 원 이하, 순자산가액 3억 4,500만 원 이하 무주택 세대주(혼인 7년 이내 또는 3개월 이내 결혼 예정) 등을 대상으로 하며, 수도권 최대 2.5억 원(임차보증금의 80% 이내) 한도, 임차보증금 기준(수도권 4억 원, 수도권 외 3억 원) 등이 명시돼 있다. 이러한 제도를 이해하고 활용하면 전세도 자금 효율을 높이는 수단이 될 수 있다.

신혼부부에게 전세가 전략이 될 수도 있고, 매매도 안정이 아니라 부담이 될 수도 있다. 삶의 구조와 형태에 따라서 재무 구조를 유연하게 바꾸고 맞춰 가는 과정이 가장 중요하다. 그에 따라 향후 3~7년 이후의 자산 사다리가 결정될 수도 있을 것이다.

가능한 대출이 아니라
안전한 대출을 설계해라

집을 사고 싶다는 마음은 대부분 '어떤 집을 살까'에서 출발한다. 하지만 실제로 삶을 바꾸는 것은 집의 스펙 자체가 아니라 대출 계약서에 적힌 숫자다. 집 열쇠를 받는다고 해서 거래가 끝나는 것이 아니라, 매달 빠져나가는 원리금이 이후 몇십 년의 생활을 규정하게 된다. 그래서 내 집 마련의 현실적인 출발점은 다름 아닌 '대출, 자금 계획'부터 세우는 것이다.

이제 주택 시장은 '담보가 있으니 빌려준다'는 시대가 아니다. 금융은 소득과 기존 부채를 기준으로 대출 한도를 칼같이 계산하며, 변동 금리 리스크를 미리 반영하여 한도를 보수적으로 평가하고 있다. '일단 영끌로 사고 나중에 버티자'는 방식은 구조적으로 더 위험해졌다. 따라서 중요한 건 대출을 많이 받는 것이 아니라, 반대로 대출 때문에 인생이 무너지지 않도록 집을 사는 방식이다.

대출의 본질은 상당히 단순하다. '돈을 빌리는 행위'가 아니라, 미래 소득의 일정 비율을 은행에 자동 이체로 양도하는 계약이다. 그래서 내 집 마련에서 가장 위험한 착각은 '나중에 집값이 오르면 괜찮다', '금리가 내려가면 갈아타면 된다', '월급도 오를 테니 버티면 된다'와 같은 생각이다. 이 모든 것은 가능성에 불과하지만 원리금 상환은 확정이다.

그래서 집을 사는 순간부터 중요한 것은 집값 그래프가 아니라 현금 흐름이다. 그리고 이 현금 흐름을 망치는 가장 흔한 원인은 집값 자체가 아니라 대출 구조를 모르고 빌리는 것이다.

LTV·DSR·스트레스 DSR의 의미

대출을 이해할 때 가장 중요한 세 가지는 LTV, DSR, 그리고 스트레스 DSR이다.

LTV는 집값 대비 얼마까지 빌릴 수 있는가, 담보 가치 대비 대출 가능 비율을 말한다. 특히 규제 지역에서는 대출이 더 조여진다.

하지만 이 중에서도 가장 결정적인 기준은 DSR(총부채원리금상환비율)이라고 할 수 있는데, 이는 연소득 대비 연간 원리금 상환액을 말한다. 즉 '당신이 1년에 갚을 수 있는 돈의 상한선'이다. 대표적으로 금융위 감독 규정 체계에서는 총대출액이 1억 원을 초과하는 차주에 대해 DSR을 은행 40%, 비은행 50% 이내로 제한하는 기준이 명시되어 있다.

여기서 중요한 점은 DSR이 주담대만 보는 것이 아니라 신용 대출, 카드론, 자동차 할부 등 모든 대출의 원리금을 합산하여 본다는 사실이다. 그래서 '주담대는 괜찮은데 신용 대출이 발목을 잡는' 상황도 빈번하게 발생한다.

여기에 미래 금리 상승을 가정하여 한도를 미리 줄이는 '스트레스 DSR'이 더해졌다. 즉 변동 금리로 돈을 빌렸을 때 금리가 올라도 버틸 체력이 있는지 확인하는 것이다. 결국 예전처럼 '현재 금리 기준으로 최대한' 대출을 받기는 어렵고, '금리가 더 오를 수도 있다'는 가정하에 한도가 더 줄어드는 시대다. '영끌'이 구조적으로 더 어려워지는 이유이기도 하다.

정리하자면 LTV는 '집값'이 기준이며, DSR은 '소득'이 기준이다. 그리고 지금은 사실상 DSR이 '최종 관문'이라고 할 수 있다.

대출은 이름이 아니라 '현금 흐름'으로 구분하라

대출의 종류는 다양해 보이지만 명칭보다 중요한 것은 구조다. 매달 얼마를, 어떤 방식으로, 얼마나 오래 갚느냐를 따져야 한다. 실전에서 가장 중요한 구분은 세 가지로 볼 수 있는데, 주담대(주택담보대출), 정책모기지(디딤돌·보금자리론 등), 신용 대출(및 기타 고금리 부채)이다.

조건민 맞는다면 실수요자에게 정책모기지는 가장 유리한 카드다. 예컨대 내 집마련 디딤돌대출은 부부 합산 연소득 6,000만 원 이하(생애 최초·다자녀 7천, 신혼 8.5천 등), 순자산 5.11억 이하, 무주택 세대주 등의 조건, 대출 한도(일반 2억, 생애 최초 2.4억, 신혼/2자녀 이상 3.2억) 등의 구조가 안내되어 있다. 보금자리론 역시 소득요건·우대요건이 정리되어 있고, 신혼·청년·다자녀 등 우대 금리 구조가 명확하다.

해당 자격 내에서 시중 주담대 대비 매우 유리한 대출 조건을 제시해 주기 때문에 선택하지 않을 이유가 없다. 자격이 되는데도 민간 은행 주담대를 찾는 것은 쉬운 돈을 두고 굳이 비싼 돈을 고르는 것과 같다.

정책모기지가 아니라 일반 주담대를 선택해야 한다면 가장 중요한 두 가지에 주목해야 한다. 바로 상환 방식과 금리 구조다.

대출 상환 방식은 크게 세 가지다. 원리금균등은 매달 같은 금액을 납부하는 구조로, 초반에는 이자가 차지하는 비중이 큰 편이다. 원리금균등은 매달 같은 원금을 갚고, 이자가 점점 줄어드는 방식이다. 초반 부담이 크지만 시간이 지날수록 월 납입액이 감소한다. 만기일시상환은 매달 이자만 내다가 만기에 원금을 한 번에 상환하는 것이다. 다만 당장의 부담은 적어도 결국 원금을 갚아야 하는 순간 부담이 커지기 때문에 가계 파산의 단골 구조이기도 하다.

실제로 '무리한 영끌'의 대부분은 집이 아니라 원금이 '한꺼번에' 등장하는 순간, 버티지 못하면서 무너지게 된다.

금리 역시 단순히 낮은 숫자만 보고 선택할 것이 아니다. 변동 금리는 초기에 저렴해 보이지만, 불확실성이 크고 스트레스 DSR에서 불리할 수 있다. 혼합형과 주기형의 경우는 일정 기간 고정 후 변동되거나 일정 주기로 금리를 조정하는 방식인데, 심리적 안정을 주지만 상황에 맞는 계획이 필요하다.

변동 금리가 항상 나쁜 것은 아니고, 고정 금리가 항상 정답도 아니다. 중요한 것은 금리가 오를 경우 가계가 버틸 수 있는지까지 내다보는 것이다.

대출은 '내 생존'을 기준으로 세워라

은행이 허용하는 DSR 40%라는 건 대출이 '가능'한 기준일 뿐, '안전'한 기준이 아니다. 다시 말해서 '대출이 나오는 선'일 수는 있어도 '삶이 유지되는 선'은 아닐 수 있다는 뜻이다. 실제로 금융위 자료에서도 소득의 40% 이상을 원리금 상환에 사용하는 가구를 취약 차주로 자주 언급한다. 40%는 규제의 숫자이기도 하지만, 동시에 위험 신호로 자주 등장하는 숫자이기도 하다.

그렇다면 어느 정도를 안전한 수치로 볼 수 있을까? 가계마다 다르지만 이해하기 쉽도록 '영끌 신호등'의 DSR+현금 버퍼 기준을 제안해 본다.

- 초록(안전): DSR 25% 이하 + 비상 자금 12개월 이상

- 연두(관리): DSR 25~30% + 비상 자금 9~12개월

- 노랑(경고): DSR 30~35% + 비상 자금 6~9개월

- 주황(위험): DSR 35~40% + 비상 자금 3~6개월

- 빨강(파국 확률 급증): DSR 40% 초과 또는 비상 자금 3개월 미만

여기서 비상 자금은 통장 잔액이 아니라, '원리금 + 관리비 + 최소 생활비' 기준으로 계산해야 한다. 집 대출은 장기전이기 때문에 단기적인 여유로는 버틸 수 없다.

더불어 대출 계획을 세울 때는 반드시 몇 가지 리스크를 가정해 봐야 한다. 대표적으로 금리가 2%p 상승해도 버틸 수 있는가, 소득이 −20%인 상황이 되어도 6개월간 버틸 수 있는가, 부모 병원비나 자녀 교육비 등 예상 외 지출이 발생하더라도 대출 구조가 무너지지 않는가 등을 따져 보는 것이다.

예를 들어 3억 원을 30년 원리금균등 방식으로 빌렸을 때, 금리가 연 4.2%일 때는 월 납입액이 146.7만 원 수준이지만 금리가 6.0%가 되면 월 납입액은 179.9만 원으로 뛰어오른다. 월 30만 원 남짓을 가볍게 봐서는 안 된다. 이 차이는 가계에 따라 저축이 무너지고 비상금이 소진되며 결국 신용 대출에 의존하게 되는 악순환

의 시작이 될 수도 있다.

지금은 제도 자체가 '금리 상승 가능성'을 한도 상정에 반영하고 있다. 제도가 경고하는 리스크를 개인이 무시해서는 안 된다. 이는 투자가 아니라 도박에 가깝다.

무리한 영끌, 그래도 서울 불패인가

많은 사람이 '서울은 결국 오른다'고 믿는다. 물론 서울 중심으로 주택 매매 가격이 강세를 보이는 양극화가 진행된 것도 사실이다. 하지만 중요한 것은 서울이 강할수록, '대출을 끼고 올라가는 난이도'도 더 올라산다는 섬이나. 가격이 높은 시억일수록 너 강한 규제가 적용되고, 레버리지의 활용도 어려워진다. 여기에 스트레스 DSR까지 더해지면 서울 시장에서 영끌은 과거와 달리 '들어갈 때도 어렵고, 나중에 갈아타거나 늘리는 것도 더 어려운' 일이 된다.

서울이 강할수록 기회가 있는 것도 사실이지만, 서울 불패를 믿고 들어간다고 해서 반드시 영끌이 정당화되는 것은 아니다. 서울에서 실패하는 사람은 대개 상환 구조를 잘못 설계한 사람이다. 즉 서울이 오를 것인지 묻기 이전에, '나는 서울에서 7~10년 이상, 금

리 변동을 감당하며 버틸 수 있는가?'를 물어야 한다. 이 질문에
'예'라고 답할 수 있어야만 서울 프리미엄이 내 편이 되는 것이다.

03.
내 집 마련을 위한 자금 설계 실전 로드맵

젊은 3040 세대는 재태크나 투자의 필요성을 누구보다 절감하고 있다. 월급만으로는 자산의 격차를 따라잡기 어렵다는 사실을 체감하기 때문이다. 그럼에도 막연한 두려움이 앞서 부동산 시상에 진입할 용기를 내지 못하고 머뭇거리는 경우가 많다. 집값은 이미 너무 높은 곳에 올라가 있고, 규제는 복잡하며, 주변의 성공담과 실패담은 혼란만 가중시키는 와중에 어떤 선택을 해야 할지 알기 어렵기 때문이다.

부동산 앞에 멈춰선 3040 세대

많은 3040 세대가 부동산을 '기회'가 아니라 '실패하면 안 되는 단 한 번의 시험 문제'처럼 바라본다. 하지만 처음부터 정답을 맞힐 수는 없다. 안전한 서울 상급지, 신축, 완벽한 입지와 타이밍까지 맞추는 것은 경험이 많은 투자자에게도 언제나 어려운 일이다.

전월세 계약을 처음 해 볼 때를 떠올려보자. 전월세 계약을 진행할 때 어떤 부분까지 확인하느냐에 따라 향후 분쟁 시 본인이 짊어질 부담 요소의 수위도 달라지게 된다. 그러나 처음이기 때문에 미숙한 부분이 많고, 집 내부 구조나 컨디션만 보고 계약서를 쓰기 쉽다. 수차례 경험이 반복되어야 등기, 관리비, 주변 환경 등까지 자연스럽게 보게 되고 점차 더 좋은 선택을 해나갈 수 있다.

부동산 매매도 마찬가지다. 경험이 쌓일수록 더 넓은 시야를 바탕으로 입지와 가격, 리스크 등을 입체적으로 보게 되고 내 자금 규모와 필요에 맞는 선택의 기준이 만들어진다. 젊을 때 부동산 매매를 시작하고 경험해야 더 많은 기회가 생기는 셈이다.

많은 부동산 전문가들이 무주택자에게 하루빨리 집을 마련하라고 조언하는 이유도 여기에 있다. 하루라도 빨리 사야 더 저렴하다는 논리가 아니라, 부동산 시장 안에서 경험을 쌓아 가는 시간 자체가 곧 추후의 기회로 이어지기 때문이다. 늦게 시작할수록 같은 기회를 만들기 위한 비용과 시간도 기하급수적으로 늘어나게 된다.

집이 먼저가 아니라, 설계가 먼저다

내 집을 마련하기 앞서 제일 먼저 해야 할 일은 집을 사려는 목적을 분명하게 정하는 것이다. 실거주가 목적이라면 안정적인 상환이 최우선이고, 상급지로의 갈아타기가 목적이라면 기존 집을 처분하고 입주 시점을 정하는 시간표를 짜는 것이 중요하다. 투자가 목적일 때는 현금 흐름과 리스크 관리를 최우선으로 해야 한다. 목적이 흐려지면 대출 계획 자체가 흔들리게 된다.

다음으로는 내가 감당 가능한 월 상환액을 먼저 확정해야 한다. 보수적으로는 월 순소득의 25%를 상환액의 상한으로 설정하는 것이 좋고, 상황에 따라 30%까지는 가능하지만 비상 자금이 충분해야 한다. 만약 35% 이상이 되면 성공이라기보다 '아직 사고가 나지 않은 상태'에 가깝다고 봐야 한다. 이 숫자는 은행에서 정해 주는 것이 아니라, 스스로 정해야 한다.

그다음은 대출 한도를 DSR로 역산해 보는 것이다. 대부분은 집값을 정하고 LTV로 대출을 계산한 뒤 부족분을 신용 대출로 채우지만 이 방식은 위험하다. 내 연소득을 기준으로 안전 DS-R(예:25~30%)를 정한 뒤에 그 범위에서 가능한 연간 원리금 상환액을 계산해야 한다. 그리고 그 상환액에 맞는 대출 원금(만기·금리 가정)을 역산하고, 그 원금으로 살 수 있는 집의 가격을 정하는 것이다. 즉, 집이 먼저가 아니라 상환 능력에 맞춰서 집값을 결정해야 한다.

정책 대출 자격이 된다면 제일 먼저 검토하는 것이 좋다. 디딤돌·보금자리론 같은 정책모기지는 조건이 맞으면 가계의 방탄복이 되어준다. 특히 디딤돌은 소득·자산·무주택 요건과 한도 구조가 비교적 명확하니, 자격이 된다면 최우선으로 신청하자.

반면 신용 대출은 끼는 순간 DSR이 급격히 올라가고, 스트레스 DSR 환경에서는 추가 대출이나 갈아타기도 막힐 수 있으므로 가능한 한 마지막 수단까지 남겨두는 것이 좋다. 실무적으로 신용 대출이 총 필요 자금의 10%를 넘으면 구조를 다시 짜야 한다. 만약 신용 대출 없이 집을 못 사는 구조라면, 그 집은 지금 시점의 '내 집'이 아니라고 봐야 한다.

마지막으로 집은 사고 나서 끝이 아니다. 반드시 출구 전략까지 설계해 두는 것이 중요하다. 금리, 소득 변화, 가족 계획, 전월세 시장, 규제 환경 등 최소 다섯 가지 변수에 따라서 출구도 달라진다. 출구 전략이 없는 영끌은 투자도, 실거주도 아니고 그저 '기도'일 뿐이다.

케이스별 권장 전략: 상황에 따라 답도 다르다

내 집 마련과 부동산 전략은 각 상황에 따라서 크게 달라진다. 출발선도 다르고, 적용되는 규제도 다르며, 감당해야 할 리스크의 크기도 다르다. 대표적으로 몇 가지 케이스별 권장 전략을 제시해 본다.

생애 최초/신혼/무주택자의 경우 '정책 대출'과 '상환 안정성'을 1순위로 꼽아야 한다. 레버리지를 극대화하는 것보다는 구조적 안정성을 갖추는 것이 먼저다. 소득·자산·무주택 요건이 충족된다면 디딤돌대출 같은 정책 대출이 최우선 선택지다. 조건만 맞는다면 시중 주담대보다 금리와 구조 면에서 유리한 경우가 많기 때문이다. 이때 '최대 한도가 얼마인가?'보다는 '안전 상환액'을 기준으로 집값을 결정해야 한다. 가장 저렴한 대출을 활용하되, 영혼까지 끌어모아 무리하는 것이 아니라 안정적인 상환 가능성부터 챙기는 것이 기본이다.

1주택을 보유하고 있으며 갈아타기를 목표로 하는 경우에는 '시간표가 곧 금리'다. 갈아타기에서는 시장 전망보다 일정 관리가 더 중요하다. 특히 처분 조건부 1주택자에 대한 LTV 적용 방식 등은 정책에 따라 달라질 수 있으니, 본인의 시나리오(6개월 처분 가능 여부 등)를 먼저 확정해야 한다.

원칙적으로 잔금일, 입주일, 기존 전세 만기를 한 장으로 정리하는 것이 좋다. 금리와 규제는 통제할 수 없지만 일정은 본인이 통제 가능한 부분이다. 갈아타기의 승부는 바로 이 현금 흐름의 타이밍에서 갈릴 수 있다.

투자자나 다주택자의 경우, 과거와 달리 레버리지 시대가 끝난 게임이라는 것을 인정하고 전략을 세워야 한다. 수도권이나 규제지역에서 다주택자의 추가 주택 구입 목적의 주담대가 금지된 상황인 만큼 레버리지 중심의 전략은 구조적으로 어려워졌다. 이 환경에서는 대출로 승부를 보려고 하지 말고 현금 비중을 높이거나, 시장 사이클이 바뀔 때까지 기다리는 전략도 필요하다. 혹은 대출이 필요 없는 영역, 즉 리모델링이나 운영 수익, 구조 개선 등의 투자로 이동하는 것도 방법이다.

　서울처럼 강한 지역으로 들어갈수록 규제와 진입 장벽이 높아지기 때문에 레버리지의 작은 실수가 인생 전체를 흔들 수도 있다. 기본적으로 내가 '대출 구조'에서 패배하지 않는가가 승부를 가르는 최우선의 기준이다. 집은 자산이기도 하지만, 동시에 생활이다. 생활은 막연한 기대나 낙관이 아니라 설계로서 지켜진다. 원하는 집을 사는 사람은 많지만, 끝까지 내 집으로 만드는 사람은 언제나 대출·자금 계획부터 세운 사람이라는 사실을 잊어서는 안 된다

04.
자금 규모별 자산 증식의 전략

2025년 6·27 대책 이후 부동산 시장은 하나의 전환점에 들어섰다. 주택담보대출 6억 제한과 실거주 의무 강화라는 예상치 못한 규제로 인해 서울과 수도권의 거래가 사실상 올스톱된 것이다. 시장이 심리적으로 위축되면서 매수자들은 관망세로 돌아섰고 매도자들 또한 금리 인하에 대한 기대감과 마땅한 대안의 부재 속에 매물 잠김 현상이 심화되고 있다.

반면 대출 규제의 직접적인 영향권에서 벗어난 지방은 오히려 투자 심리가 살아났다. 정책 자체는 서민 주거 안정을 목표로 하고 있지만, 실제로는 의도와 다른 부작용을 낳고 있다. 특히 토지거래 허가 구역 유지와 주택담보대출 규제 강화는 전세 물량을 감소시키고 월세 폭등을 초래하는 핵심 요인으로 작용했다.

여기에 통화량 증가와 금리 인하 시그널이 겹치며 자산 가치 상 승의 필연적 배경이 갖춰졌다. 지금 공급 부족과 규제로 인해 눌려 있는 수요는 어느 순간 금리 인하와 같은 '트리거'를 만나면 폭발 적으로 터져 나올 가능성이 높다. 최근 2년간은 강남과 서울 중심 의 상승장이었다면, 이번에는 지방 상급 시장까지 동반 상승하는 전국적인 확산도 염두에 둬야 한다.

전월세 폭등으로 인한 거주 비용의 상승은 이제 무주택자에게 감당하기 어려운 수준에 도달하고 있다. 이제 더 이상 망설일 시간 이 없다. 지금이야말로 자신의 자금 규모에 맞춰 과감하게 투자 결 정을 내리고, 내 집을 마련하여 불안정한 임대 시장에서 벗어나야 한다.

자금 규모별 투자 전략

서울과 수도권 진입이 어려운 소액 자금(1억 원 내외)으로는 준수 도권 및 지방 대도시를 노리는 전략이 필요하다. 공시가 2억 이하 주택은 취득세 1%를 적용받아 세금 부담이 적다. 또 지방 분권 정책의 기조와 완화된 유동성으로 인해 지방 도시의 자산 가치도 상승할 가능성이 높다. 상대적으로 저렴한 준수도권과 지방 대도시부터 시작하여 자산을 불려 나가야 한다.

중간 자금(대출 6억 원 활용 가능) 구간에서는 실거주가 가능한 지역을 우선으로 고려하는 것이 좋다. 대출을 활용할 경우에는 실거주 의무가 붙을 수 있기 때문이다. 서울 내 상대적으로 덜 오른 지역이나 경기도 주요 지역의 구축 아파트, 재건축과 재개발 초기 단지가 현실적인 대안이 될 수 있다. 6억 대출 한도를 최대로 활용하여 자산 증식의 레버리지를 극대화하고, 직접 거주하면서 자산 가치 상승을 기다리는 전략이 현 규제하에서는 가장 안정적이다.

서울 핵심지에 투자 가능한 고액 자금을 보유했다면 추천 입지는 강남 3구를 비롯한 광진구, 마포구, 과천 등의 서울 핵심 신축과 준신축 아파트다. 이 구간에서는 '똘똘한 한 채' 전략을 유지하되, 양도세 중과 부담이 큰 현 상황에서는 증여를 활용한 절세 및 자산 이전 수단도 고려할 수 있다. 서울 핵심지는 여전히 장기적인 관점에서 자산 가치를 보존하고 증식시키는 데 가장 유리한 선택지다.

다만 주의해야 할 점은 '묻지마 갭 투자'는 피해야 한다는 것이다. 공급 물량이 많거나 유튜브 추천 등으로 갑자기 사람들이 몰리는 지역은 오히려 전세 물량이 한꺼번에 쏟아지며 역전세 위험이 발생할 수 있다. 투자 목적으로 접근할 때는 공급이 부족한 지역, 전세 가격이 안정적이거나 상승하는 지역을 면밀히 분석하는 것이 중요하다.

자산의 움직임은 본인의 선택에 달려 있다. 현재 부동산 시장은 오르내리는 가격 조정 국면을 넘어 유동성 확대에 따른 화폐 가치의 하락과 정부 정책의 복합적인 영향 속에서 거대한 전환점을 맞고 있다. 현금만 보유하고 있거나 대책 없이 시장을 관망하는 것은 내 자산이 소리 없이 녹아내리는 것을 방치하는 가장 위험한 선택이다.

필요한 깃은 내 자금 규모에 맞세 사산을 증식시킬 수 있는 구체적인 투자 전략을 수립하고 실행하는 용기, 그리고 현명한 의사 결정이다. 불확실한 미래를 두려워하기보다 그 위에 자신만의 단단한 기준을 세우는 사람이 미래를 내 편으로 만들 수 있다.

05.
아파트 청약은 '운'이 아니라 '전략'이다

많은 사람이 청약은 일단 넣고 본다고 생각한다. 막연히 경쟁률이 높아 떨어졌다고 생각하며 다른 청약에 지원하고, 그 과정에서 자기도 모르게 시간과 기회를 동시에 소모하는 경우도 많다. 하지만 청약은 복권이 아니라 규칙이 있는 게임이다. 운을 탓하기 전에 구체적인 방향성을 설정하는 것이 중요하다.

잘 고르고, 당첨 확률 높이는 디테일

청약을 넣을 때는 3단계를 기억해야 한다. 내가 어떤 경기장(가점·추첨·특공)에서 이길 수 있는지를 정하고, 그 경기장에서 승률이 높은 물건(단지·타입·조건)을 골라서, 마지막으로 자격·서류·자금 실행력으로 실수를 막는 것이다. 이 3단계만 제대로 해도 '당첨 확률'은 체감상 완전히 달라지게 된다. 청약은 한 번의 클릭이 아니라, 몇 년 치 전략이다.

구체적으로 청약은 크게 세 개의 길로 나뉜다. 특별공급, 일반공급-가점제, 일반공급-추첨제다. 특별공급은 신혼부부, 생애 최초, 다자녀, 노부모부양, 기관추천 등 '자격이 있는 사람'에게 기회를 주는 트랙이다. 일반공급-가점제는 무주택기간·부양가족·통장가입기간 점수로 줄을 세우는 것이고, 일반공급 – 추첨제는 일정 비율 무작위 추첨이 이루어진다(다만 무주택 우선 등의 '필터'가 붙는 경우가 많음).

여기에서 핵심은 겉으로는 모두 같은 청약처럼 보이지만 실제로는 경쟁 상대가 완전히 다르다는 것이다. 가점이 낮은데 가점제 인기 단지에 계속 도전하면서 '왜 떨어졌지?'를 고민하는 것은 애초에 상대 풀이 너무 강한 리그에 들어간 것이다. 반대로 가점이 높은데도 추첨에만 기대한다면 강점을 버리고 동전 던지기를 하는 셈이다.

당첨 확률 높이는 첫 번째 공식: 내 포지션부터 진단하라

가점제는 만점의 구조부터 알아야 한다. 보통 민영 일반공급 가점제는 '무주택 기간', '부양가족 수', '청약통장 가입 기간'의 3요소로 구성된다. 이때 무주택 기간 산정은 '만 30세부터' 또는 '30세 이전 혼인 시 혼인신고일부터' 등 기준이 명확하게 제시되어 있다.

또한 민영 일반공급에서는 배우자 통장 가입기간 점수를 일부(최대 3점) 합산할 수 있다는 점도 놓치면 손해다. 결론적으로 '가점이 낮다/높다'가 아니라 내 점수가 어떤 리그에서 통하는 점수인지를 알아야 한다.

가점의 체급은 3단계로 분류할 수 있다. 상위권인 A 체급은 '가점으로 승부 가능'한 구간, 중위권인 B 체급은 '지역·타입·경쟁률을 고르면 승부 가능'한 구간, 하위권인 C 체급은 '가점 정면 승부는 불리하며, 특공·추첨 중심' 전략이 필요한 구간이다.

점수 절댓값은 지역·시기마다 다르니, 본인 점수를 최근 당첨가점 흐름과 비교해 '체급'을 결정해야 한다. 체급에 대한 판단이 끝나야 자신에게 맞는 전략을 세울 수 있다.

당첨 확률 높이는 두 번째 공식 :
내가 이길 수 있는 트랙에 집중하라

우선 특별공급의 자격이 있는 사람에게는 '특공이 1순위'다. 특공은 자격 요건이 명확하기 때문에 구조상 상대 풀이 좁아질 수밖에 없다. 예컨대 신혼부부 특별공급은 소득요건 등 자격 기준이 걸려 있고, 우선공급·일반(잔여) 방식으로 나뉘기도 한다. 생애 최초는 '무주택 세대' 등 조건이 강하게 붙는데(세부는 공고문 기준), 성격상 실수요자에게 첫 집 기회를 주는 장치라고 보면 된다.

특공을 신청할 때 제일 우선적으로 주목해야 하는 것은 '공고문'이다. 소득·자산·혼인 기간·자녀 기준 등의 자격 요건은 '공고문 기준'으로 바뀔 수 있다. 떨어지는 이유도 점수 부족이 아니라 '자격 미달/서류 오류/해석 착오'인 경우가 실제로 많은 편이다. 또 보통 원칙적으로 한 번의 기회에 한 갈래만 유효한 경우가 많아서 중복 신청은 치명적인 불이익으로 적용될 수 있으니 주의해야 한다. 특공은 운이 아니라 '관리'다. 자격을 미리 확정해 두면 확률은 체감상 크게 올라갈 것이다.

다음으로 가점제는 단순하다. 내 점수보다 높은 사람이 몇 명인지가 전부다. 그래서 가점제에서 당첨 확률을 높이는 방법도 한 가지뿐이다. '좋아 보이는 단지'가 아니라 '내 점수로 이길 수 있는 단지'를 고르는 것이다. 이때 필요한 것은 감이 아니라 전략적 필터링이다.

상급지일수록 상위 점수자 풀이 두껍기 때문에 지역이 바뀌면 당첨선이 달라지며, 면적대에 따라 경쟁자의 성격이 달라진다. 또 분양가가 '싸 보일수록' 경쟁률이 올라가고, 규제가 강하더라도 실수요가 몰리는 단지는 오히려 사람들이 몰린다. 브랜드/학군/역세권/신축 프리미엄도 경쟁률을 자극하는 요소다.

마지막으로 추첨제는 얼핏 공평해 보이지만 실제로는 여러 필터가 많다. 이 필터를 통과한 후의 경쟁자 수가 핵심이다. 또, 정책에 따라 면적 구간별 가점·추첨 비율이 달라지기도 한다. 예를 들어 2025년 10·15 대책 관련 보도에서는 규제 지역의 민간 일반공급에서 전용 면적 $60\sim85\,m^2$ 구간 가점 비율 강화 등이 언급되었다.

추첨제 확률을 높이려면 지역·규제·면적대별로 추첨 비중이 높은 구간을 찾아야 한다. 경쟁자는 단순 접수자 수가 아니라, 무주택 우선·자격 필터 통과 후 남는 경쟁자를 '최종 유효 경쟁률'로 계산한다. 전략적으로 선호도가 낮은 타입을 섞는 것도 방법이지만, 이때 '살 수 없는 집'에 넣는 것은 금지다. 실제로 당첨되었을 때 감당할 수 있느냐가 가장 기본적인 전제이기 때문이다. 부부의 통장이나 세대 요건을 합법적으로 설계하여 당첨 확률을 높이는 것도 전략이다. 다만 위장 전입이나 허위 서류는 당첨 취소뿐 아니라 향후 기회 자체가 사라질 수 있으니 '합법'적인 선에서 설계하는 것이 핵심이다.

당첨 확률 높이는 세 번째 공식 : 청약통장 운영은 디테일이 돈이다

청약통장은 자격과 확률을 만들어 주는 도구다. 납입 인정액 변화와 같은 제도의 업데이트는 반드시 체크해서 챙겨야 한다. 예를 들어 2024년 11월부터는 월 납입 인정 한도가 10만 원에서 25만 원으로 상향되었다. 이런 변화는 특히 공공분양·납입인정 구조에서 시간을 단축시키기도 한다(세부 반영은 유형별/공고문별 확인 필수).

또한 가점제에서는 배우자의 가입 기간 점수를 일부 합산(최대 3점)할 수 있다. 부부가 각자 통장을 유지할 경우에는 장기적으로 트랙 선택의 폭이 높아질 수 있다는 점도 고려하는 것이 좋다. 청약은 몇 년 전부터 꾸준히 준비하고 설계하는 구조인 만큼 자칫 몰라서 손해 보는 부분이 없도록 꾸준히 자신에게 유리한 전략을 세워가야 한다.

청약을 넣기 전 세 가지 기준

청약은 어디든 당첨되는 것이 목적이 아니라 좋은 가격, 좋은 거주, 좋은 자산을 얻는 것이 궁극적인 목적이다. 그래서 청약을 넣기 전에는 반드시 '3개의 숫자'를 계산해 봐야 한다.

첫째, 시세 대비 분양가 격차다. 분양가가 주변 시세 대비 얼마나 유리한지 따져 보고, 가격 자체가 '싸다'가 아니라 '나중에 팔 때도 방어가 되는가'를 봐야 한다. 인근 구축·준신축·신축 시세를 최소 2~3개 단지 이상 함께 비교해 보는 것이 좋다.

둘째, 자금 실행력이다. '일단 당첨되면 어떻게든 되겠지'라는 생각은 가장 위험하다. 당첨 후 계약 포기는 기회 비용이 크기 때문에, 계약금, 중도금, 잔금 시점의 현금 흐름/대출 가능성/DSR 여력 등을 따져 보고 '끝까지 갈 수 있는 청약'만 넣어야 한다.

셋째, 규제 페널티다. 전매제한, 거주의무, 재당첨 제한 등은 당첨의 기쁨 뒤에 숨은 진짜 조건이다. 규제가 강할수록 단기 유동성은 떨어지고, 반대로 장기 실거주에는 도움이 될 때도 있다. 따라서 내 목적(실거주 vs. 갈아타기 vs. 투자)과 정확히 맞춰 보고 청약을 선택해야 한다.

이 세 가지 숫자 중에서 하나라도 빨간불이 들어온다면 그 청약은 '확률이 높아도' 피하는 것이 맞다. 무엇보다 청약 당첨 이후에도 삶이 지속 가능해야 하기 때문이다.

이와 같은 점검을 거쳐 청약을 도전한다면, 당첨 확률은 이제 디테일에서 갈리게 된다. 최종적으로 당첨 확률을 높이는 다음 열두 가지 디테일을 점검해 보자.

1. 모집공고일 기준으로 자격을 다시 체크: 주민등록, 세대구성, 무주택 판정은 공고일 기준으로 갈린다.
2. 청약 달력화: 관심 단지 10개의 '공고', '접수', '당첨자 발표', '서류 제출', '계약' 일정을 꼼꼼하게 저장해 두자. 실수는 일정에서 터진다.
3. 내가 지원 가능한 타입만 남길 것: 면적·금액·대출·입지·통근을 통과한 타입만 남긴다.
4. 경쟁률을 '구간'으로 볼 것: 5:1과 50:1은 같은 수준의 높은 경쟁률이 아니다. 구간별로 전략을 달리 해야 한다.

5. 가점제는 확실한 한 방을 노릴 것: 가점으로는 어설픈 도전 10번보다, 이길 수 있는 전장을 1번 고르는 게 낫다.

6. 추첨제는 많이 넣는 사람이 아니라 필터에 걸리는 사람이 되는 것 : 무주택 우선 여부 등은 공고문에서 확인.

7. 특공은 자격을 만드는 행동을 선행할 것: 혼인·세대분리·부양가족·소득 관리 등은 당장 청약 넣기 직전이 아니라, 미리 설계해야 한다.

8. 서류 리허설: 가족관계/주민등록/혼인/소득/재직/납세 등 필요 서류를 미리 뽑아 '오류'를 발견하자.

9. '당첨 후 자금 시나리오' 3개를 미리 작성할 것: 금리 상승/대출 축소/전세 시장 변화까지 반영한 플랜 A·B·C를 세운다.

10. 배우자 통장 전략을 장기적으로 관리할 것: 배우자 가입 기간 점수 합산 등 디테일이 쌓이면 결과가 달라진다.

11. 제도 변경은 반드시 확인: 납입 인정액 상향 같은 변화가 있으면, 통장 운영 최적해가 바뀐다.

12. 불법 유혹은 원천 차단: 위장전입, 허위 서류는 당첨 확률을 올리는 게 아니라 인생의 확률을 망가뜨린다.

청약은 내 집을 마련하는 좋은 전략이지만, 청약 전쟁에서 가장 흔한 비극은 '당첨만 되면 좋겠다'는 마음으로 내 삶이 감당하지 못할 집에 당첨되는 일이다. 청약은 운이 아니다. 가점이 낮으면 낮은 대로 이길 수 있는 길이 있고, 높으면 높은 대로 확실한 승부처도 있다. 중요한 것은 무작정 많이 넣는 게 아니라 잘 고르고, 정확히 넣고, 끝까지 가는 일이다.

규제를 우회하는 경매도
기회가 될 수 있다

최근 한국의 부동산 정책은 강화된 규제 기조가 반복되고 있다. 조정대상지역 지정, 토지거래허가 구역 확대, 분양권 전매 제한, 임대차 정책 등은 일반 매매 시장 참여자들에게 여러 제약으로 작용한다. 이렇게 규제 리스크와 정책 변수가 격렬하게 교차하는 국면에서는 풍선 효과로 비규제 지역이나 경매 시장 쪽으로 수요가 몰리는 현상이 나타나기도 한다. 그 이유는 무엇일까?

경매 물건은 일반 매매 시장보다 입지나 조건이 까다로운 경우가 많지만, 감정가 대비 낙찰가 할인이라는 메리트가 존재한다. 시세보다 상대적으로 저렴한 가격에 매입이 가능하다는 장점이 있는 것이다. 또 토지거래허가 구역 내에서도 일반 매매와 달리 경매를 통해 취득하면 실거주 의무가 다르게 적용될 수도 있다.

그래서 규제 지역이 확대되고 일반 매매가 어려워지면서 점차 경매 시장으로 수요가 이동하고 있다. 특히 최근에는 실거주자나 갭 투자 세력 등이 경매 시장으로 유입되면서, 서울 아파트 경매 낙찰가율이 감정가 대비 100%를 넘어가는 현상도 보인다. 이는 실거주자 또는 갭 투자자까지 경매 시장에 진입하고 있다는 신호다. 이러한 흐름은 경매 시장이 더 이상 '저가 매입 시장'이 아니라 규제 환경의 변화와 맞물려 전략적으로 주목받는 시장이라는 사실을 보여 준다.

지금 경매를 해야 하는 이유

경매는 통상적으로 급매물보다 더 낮은 가격대에 매입할 가능성이 있다. 감정가 대비 낙찰가율이 70~90%대인 사례도 존재하기 때문에 시세 대비 할인 폭이 있다는 의미다.

최근처럼 매매 시장이 규제로 억눌려 있거나 향후 방향성에 대한 불확실성이 있는 시점일수록 경매를 통한 진입은 비용 리스크를 줄이고 기회를 잡을 수 있는 경로가 될 수 있다. 다만 점차 수요가 몰릴수록 경매 시장 자체의 경쟁 구도가 바뀌면서 '싸게 사는 기회'보다 '경쟁해서 받아야 하는 시장'으로 변모해 갈 수 있기 때문에, 진입 타이밍을 놓치지 않는 것이 중요하다.

일반 매매 시장에서는 자금 규모나 신용 조건 등이 진입 장벽이 되지만 경매 시장에서는 소액으로도 진입 가능한 물건들이 존재한다. 이를테면 지방이나 수도권 외각 등에서도 '소액의 종잣돈 + 권리·입지 분석'을 통해 수익을 내고 있다. 경기 화성 아파트를 약 3.6억 원에 낙찰받아 시세가 8.65억 원 수준까지 올라간 사례도 존재한다.

보유한 자금이 많지 않거나 리스크를 줄이고 싶어 하는 투자자에게 경매는 매력적인 대안이 될 수 있을 것이다. 규제·금리·정책 변수에 의해 방향성이 불확실한 혼돈기에 무작정 '오르는 자산'을 좇기보다는, '싸게 들어가서 상승 혹은 횡보 시 리스크 최소화' 전략이 유효하다는 의미다.

'무조건 해야 한다'는 의미는 아니다

경매 시장에는 분명 기회가 많지만 리스크와 진입 장벽도 분명 존재하기 때문에, '지금 반드시 해야 한다'는 의미는 아니다.

우선 서울을 중심으로 낙찰가율이 빠르게 상승하고 있다. 서울은 감정가 대비 100%를 넘었고 일부 인기 지역에서는 130% 이상까지 형성되기도 했다. 즉 '싸게 살 수 있다'는 인식만으로 경매 시장에 진입하면 입찰 경쟁에 의해 가격이 높아져 매입가가 시세 대비 할인 폭이 작거나 없을 수도 있다.

또 경매 물건은 일반 매매 물건과 달리 권리관계가 복잡할 수 있고 '명도(기존 점유자 배제)', '건물 노후', '입지 열세' 등의 리스크도 존재한다. 따라서 단순히 '감정가 대비 저가 낙찰'이라고만 판단하면 곤란하며 입지 분석과 권리관계 분석, 향후 개선 가능성 등이 병행되어야 한다.

전반적인 시장의 흐름도 인지해 두는 것이 중요하다. 경매 시장은 결국 일반 매매 시장과 연결되어 있기 때문에 매매 시장의 하락이나 입지·수요 붕괴가 발생하면 경매 물건도 영향을 받기 마련이다. 경매 시장에 진입했다고 해서 상승만 한다는 낙관론은 경계해야 한다.

이러한 리스크를 피하기 위해서 경매 입찰 전에는 우선 감정가 대비 시세 비교, 즉 감정가가 시세를 얼마나 반영했는지 체크해야 한다. 채권·임차인·유치권·건축물 상태·등기 상태 등을 반드시 검토하고, 잔금 납부 및 보증금 조건, 명도 리스크, 수리 비용 등에 대해서도 미리 산정해 보는 것이 필요하다. 입찰 후에도 임대인지 실거주인지, 향후 매각인지 보유인지 등에 대한 전략을 정해 두어야 그에 따라 유리한 판단을 내릴 수 있다.

경매 진입 전략의 4단계

경매를 고려할 때는 다음과 같은 단계적 분석이 필요하다.

1단계는 시장의 흐름을 이해하는 것이다. 현재의 규제환경·금리·입지별 수요 흐름을 분석하고, 경매 시장의 최근 낙찰가율 흐름을 파악한다. 토지거래허가 구역 지정으로 인해 경매 시장 유입이 증가하는 것처럼, 규제가 경매 시장에 미치는 영향에 대해서도 인지해야 한다.

2단계는 물건 스크리닝이다. 감정가보다 낙찰가가 낮아야 진입 매력이 생기므로 감정가 대비 시세 수준을 체크하고, 입지와 리스크 등을 분석하여 물건을 선별한다. 입찰 보증금, 잔금 납부 일정, 수리 비용 등을 종합적으로 고려해 자금 계획을 세우는 것도 중요하다.

3단계에서는 입찰 및 실행 전략을 세워야 한다. 경쟁 가능성을 고려하여 시세 대비 얼마 수준으로 입찰할 것인지에 대한 가격 전략을 세우고, 실거주·임대·매각 중 어떤 전략을 취할 것인지에 대해서도 결정한다. 명도, 공실, 금리 변동 등의 리스크에 대해서도 대비하고 있어야 한다.

4단계는 사후 관리 및 가치 제고다. 낙찰 후 수리·리노넬링·임대 전환 등을 통해 자산 가치를 관리하고 향후 시장 흐름에 따라 매각 타이밍을 고민한다. 보유 시에는 임대 수익 관리, 유지 비용 등을 지속적으로 모니터링해야 한다.

경매는 시세보다 저렴하게 소액으로 진입할 수 있다는 장점이 있지만, 낙찰가율이 높아지고 있으며 권리·입지·보유 리스크가 만만치 않기 때문에 누구나 선뜻 뛰어들 만한 쉬운 시장은 아니다. 하지만 실수요자에게는 '내 집 마련의 대안'이 될 수 있고, 투자자에게는 '규제 리스크를 피하면서 수익 기회를 모색하는 수단'이 될 수 있는 만큼 철저한 시장과 물건 분석, 리스크 관리 전략이 병행된다면 충분히 도전해 볼 만하다.

경매는 싸게 사는 것이 목표가 아니라, 리스크를 알고 대응하면서 기회를 만드는 시장이라는 사실을 기억하자.

07.
갈아타기는 '꿈'이 아니라 '격차'를 봐라

실거주를 위한 생애 첫 집을 마련할 때의 기준은 실제 '내가 살수 있는 집'이어야 하지만, 갈아타기를 할 때는 그 집의 자산 가치와 '앞으로도 계속 팔릴 집인가'를 힘께 고려해야 한다. 갈아타기는 더 비싼 집으로 옮겨 가는 것이 아니라 자산의 체질을 바꾸는 행위다. 이는 '꿈'으로 접근하면 실패하고, '격차'를 바라봐야 성공할 수 있다.

특히 앞으로는 모든 지역의 부동산이 같이 오르내리는 것이 아니라 선호가 강한 곳으로 돈이 모이는 선별적 장이 될 가능성이 크다. 이런 시장에서 갈아타기의 성패는 '내 집이 오르느냐'가 아니라 '내 집과 다음 집의 격차가 어떻게 변하느냐'에 달려 있다.

갈아타기 5대 체크 포인트

갈아타기 전 반드시 점검해야 할 다섯 가지 체크 포인트를 살펴보자.

첫째, 격차의 방향을 체크해야 한다. '가격'이 아니라 '차이'를 매주 확인하자. 갈아타기의 본질은 '더 비싼 집을 사는 것'이 아니라 '더 강한 수요를 가진 집으로 옮겨 가는 것'이다. 이때 핵심 지표는 가격이 아니라 상급지와의 격차다.

질문: 내가 목표하는 상급지(또는 상급 생활권)와의 격차가 최근 3개월, 6개월 기준으로 줄었는가?

기준: 격차가 줄어드는 구간은 보통 시장이 불안할 때 나타난다. 그때가 갈아타기의 기회다. 반대로 격차가 벌어지는 시기에 '의지'로 따라 붙으면 대개 좌절하게 된다.

둘째, 매도 자산의 환금성을 확인해야 한다. '사는 집'보다 '팔리는 집'이 먼저다. 거래가 얇아질수록 아무리 좋은 집이라도 쉽게 팔리지 않을 수 있다.

질문: 내 집의 수요층이 명확한가? 실수요가 붙는 구조인가? 같은 생활권

내에서 대체재가 많은가?

기준: 환금성은 단지의 규모·브랜드·학군·역세권·상품성에서 만들어진다. '개인적 호감'이 아니라 시장 표준에 가까울수록 잘 팔린다.

셋째, 갈아타기는 '세금과 마찰 비용'이 큰 비중을 차지하므로 총비용을 확실하게 해야 한다. 실제로 갈아타기의 실패는 대개 가격 예측이 아니라 비용의 과소평가에서 발생한다. 취득세, 중개보수, 이사비, 인테리어, 대출 부대 비용, 임시 거주 비용까지 더하면 갈아타기의 실제 무게는 생각보다 꽤 무겁다.

질문: 매도 실수령액에서 총비용을 빼고도 목표 주택의 자금이 완결되는가?

기준: 갈아타기의 숫자는 대락이 아니라 원 단위로 계산해야 한다. 삼성이 개입되면 비용은 미화되기 마련이다.

넷째, 레버리지의 안전 마진을 확인해야 한다. 갈아타기는 대출이 동반되기 쉽다. 이때 현재의 대출 환경에서 '가능한 최대'가 아니라 '불안하지 않은 최대'를 생각해야 한다. '쓸 수 있느냐'보다 '언제까지 편하게 갚느냐'의 게임이다.

질문: 상급지로 옮겼을 때, 월 상환액이 생활을 갉아먹지 않는가?

기준: 갈아타기는 삶의 질을 올려야 성공이다. 상급지에 들어가더라도 생활이 무너진다면 그 집은 상급지가 아니라 상급 스트레스일 뿐이다.

다섯째, 타이밍은 '뉴스'가 아니라 '신호'를 기준으로 잡아야 한다. 갈아타기에서는 타이밍이 중요하지만 '뉴스'로 판단하면 이미 늦다. 갈아타기의 신호는 보통 다음과 같다.

- 거래량이 바닥에서 살아나는 구간
- 호가가 단기간 과열되기보다 실거래가가 꾸준히 쌓이는 구간
- 내 집의 매수 문의가 늘고, 목표 지역의 급매가 보이는 구간
- 정책 변화보다 금리·심리·수요 이동이 선행하는 구간

질문: 지금 시장은 '불안해서 멈춘 장'인가, '가격이 무너지는 장'인가?
기준: 불안으로 멈춘 장은 기회가 될 수 있지만, 구조적으로 무너지는 장은 위험하다.

갈아타기는 '어디가 더 오르느냐'가 아니라 '내가 이동하려는 곳의 수요가 얼마나 단단한가'를 핵심으로 판단해야 한다. 막연한 꿈이나 예언이 아니라 격차를 읽는 선택이 되어야 성공할 수 있다.

08.
전세가 상승을 기회로 활용하는 투자 전략

최근 아파트 전세가율이 최고치를 찍으면서 부동산 시장이 새로운 국면을 맞이하고 있다. 전세가율이란 전세가를 매매가로 나눈 비율로, 이 수치가 높아진다는 것은 전세 가격이 상승했거나 매매 가격이 하락했다는 의미다. 전세가율 상승은 시장의 구조 변화와 투자 기회를 시사하는 중요한 신호이기도 하다. 실제로 그 동네에 살아야 하는 사람들로 인해 거래가 이루어지기 때문에 투기 수요가 적고, 오롯이 실수요자의 선택이 반영된다. 그래서 전세 시장은 매매 시장보다 먼저 움직이기 마련이며, 전세가의 흐름을 읽는 것은 다음 매매 시장을 읽는 것과 다름없다고 볼 수 있다.

전세가율 상승이 발생하는 원인

전세가율의 상승은 다양한 원인에 의해 발생하는데 대표적인 시나리오는 네 가지를 꼽을 수 있다.

첫째, 전세 수요가 증가하면서 전세가는 상승하는 반면 매매 시장의 침체로 인해 매매가는 정체되거나 하락할 때 전세가율이 높아진다. 금리 부담과 대출 규제로 인해 매매 시장이 위축될 때 이러한 현상이 주로 나타난다.

둘째, 전세가는 그대로인데 매매가가 하락하는 경우다. 경기 침체나 정책 변화로 인해 매매가가 조정을 받으면서 상대적으로 전세가율이 상승하기도 한다. 최근에는 일부 지방과 수도권 외곽 지역에서 이러한 패턴이 보였다.

셋째, 시장 불안이 심화되면서 전세가와 매매가가 모두 하락하는데, 상대적으로 매매가의 하락 폭이 더 큰 경우에도 전세가율이 상승한다. 즉 전세가율이 오르는 현상만 보고 시장을 파악하여 투자 결정을 해서는 안 된다.

넷째, 전세가와 매매가가 모두 상승하는데 전세가의 상승폭이 더 큰 경우다. 부동산이 회복 국면에 접어들면서 전세가와 매매가가 동반 상승할 수 있지만, 전세 수요가 급격히 증가하거나 전세 공급이 제한적이면 전세가 상승 폭이 매매가보다 커지게 된다. 특히 전세 수요가 강한 지역(학군 지역, 신축 단지 등)에서 두드러지는 현상이다.

지역별 전세가율 차이와 투자 전략의 핵심

서울과 지방은 전세가율의 기준 자체가 다르다. 서울은 매매가가 높고, 전세 수요보다 매매 수요가 강한 구조이기 때문에 전세가율이 상대적으로 낮다. 반면 지방은 매매가 대비 전세가 비율이 높은 편이지만, 전세가율이 투자 가치와 직접 연결되지는 않는다. 따라서 중요한 건 전세가율 자체보다 전세가가 꾸준히 상승하는 지역을 공략하는 것이다.

상황에 따라 단기적인 등락이 나타날 수도 있다. 예를 들어, 특정 지역에서 입주 물량이 많아지는 입주장(新축 아파트 입주가 집중되는 시기)이 발생하면 일시적으로 전세 가격이 하락하기도 한다. 하지만 이런 경우 단기 공급 문제만 해소되면 다시 전세가가 상승할 가능성이 크며, 중장기적으로 오히려 투자 가치가 높은 지역이라고 볼 수 있다.

　전세가가 안정적으로 꾸준히 오르는 지역에는 공통점이 있다. 신규 공급이 적거나 한정적인 지역(서울 강남, 분당, 과천 등 공급이 제한된 지역), 인구 유입이 꾸준한 지역(세종시, 인천 송도, 판교 등 기업 유치와 교통 호재가 있는 지역), 학군 및 생활 인프라가 우수한 지역(목동, 대치동, 해운대, 수성구 등 교육 수요가 강한 지역)이다. 이렇게 전세 수요가 강한 지역에서는 매매 시장이 일시적으로 조정을 받아도 시간이 지나면 가격이 상승하는 패턴을 보인다.

　또 과거 데이터를 살펴보면, 전세가율이 크게 빠졌다가 전 고점을 돌파하는 시점에서 매매 시장의 반등이 시작되는 경우가 많았다. 특히, 서울 및 경기 일부 지역의 전세가율이 급등하는 단지는 투자 가치가 높아지는 신호로 볼 수 있다. 전세가 상승률이 높을수록 실거주 수요가 탄탄하고, 매매 시장이 조정기를 거친 후 회복될 가능성이 크다.

　따라서 전세가의 상승을 기회로 활용하는 투자 전략을 세울 때는 아래의 세 가지를 반드시 체크하자.

　첫째, 전세가율이 전 고점을 돌파한 단지의 매매 행태를 면밀히 분석한다.

둘째, 전세 수요가 많은 지역(학군, 역세권, 신축 중심) 중심으로 매수를 고려한다.

셋째, 전세 수요가 견고한 지역에서 향후 전세 수익과 매매 차익을 동시에 노리는 전략

전국 아파트 전세가율 상승은 중장기적인 투자 기회를 제공하는 중요한 신호다. 전세가가 지속적으로 상승하는 지역에서는 매매 반등이 예상되니 매수를 고려할 필요가 있지만, 전세가율이 높다는 이유만으로 투자해서는 안 된다. 특히 단기적인 공급 이슈에 휘둘리지 말고, 전세가가 꾸준히 상승하는 지역을 주의 깊게 살피고 공략하는 것이 좋다. 부동산 시장은 항상 변동성이 존재하지만 전세가를 꾸준히 추적한다면 정교한 투자 결정을 내릴 수 있을 것이다. 이러한 관점에서 접근한다면 전세가 상승은 위기가 아니라, 기회가 될 수 있다.

금리와 규제가 영향을 미치는 부동산 시장 속에서 우리가 직접 통제할 수 있는 것은 현금 흐름을 계획하는 것이다. 앞으로의 부동산 투자 역시 '오를 집을 맞히는 게임'이 아니라 현금 흐름을 흔들지 않는 자산을 고르는 일에 가깝다. 이를 위해서 연령대별 생애 주기에 따라 현금 흐름을 재설계하고 다음 주기를 준비하는 전략이 필요하다.

20대: 자격과 체력을 만드는 시기

초기 자금이 부족한 젊은 세대가 처음부터 '상급지' 부동산을 고집할 필요는 없다. 경험이 쌓이지 않은 채로 과욕을 부리면 오히려 판단이 흐려지고 큰 리스크를 짊어지게 될 수도 있다. 20대에게 중요한 것은 단 한 번의 선택으로 '최고의 집'을 고르는 것이 아니라 단계적인 이동을 고려하는 것이다.

그래서 20대의 목표는 언제든 들어갈 수 있도록 자격과 체력을 만들어 두는 것이다. 소득 대비 $30\%+a$의 저축률을 목표로 설정하고, 6~12개월의 비상 자금 확보, 연체 0의 신용 점수 관리를 통해 기본적인 자금 준비를 갖춰 나가는 것이 좋다.

진입 경로는 크게 세 가지로 정리할 수 있다. 첫째로, 청약은 가점과 추첨 트랙을 분리하여 설계한다. 둘째, 역세권과 대단지의 소형 실거수 중심으로 선월세전환율을 비교하고 '월세 vs. 매수'를 계산하여 환금성을 고려한다. 셋째, 리츠/간접투자를 통해 소액으로 시장 감각을 축적하며 시장 트렌드를 학습한다.

이때 가장 중요한 체크 포인트는 월 지출·초기 비용·유동성·이사비용·기회비용을 각각 합산하여 계산해야 한다는 점이다. 월세를 선택했을 때 월세와 관리비만 생각하는 것이 아니라 보증금, 중개료, 계약 만료 시 발생하는 이사 비용 등을 모두 포함하여 의사 결정을 해야 한다.

항목	월세 선택 시	매수 선택 시
월 지출	월세+관리비	원리금 상황+관리비
초기 비용	보증금+중개료	계약금+중개료+취득세
유동성	높음	낮음
자산 형성	없음	원금 상환분+시세 변동
이사 비용	계약 만료 시 발생	매각 시 발생
기회비용	보증금 투자 수익	다른 투자 기회 포기

월세와 매매 비교 표

3040 세대는 무엇보다 강력한 자산인 '시간'을 가지고 있다. 부동산은 보유 기간이 길수록 또 다른 기회를 맞이할 수 있고, 실수를 복구할 기회도 생긴다. 현재 가지지 못한 것을 부정하고 타인의 자산을 시기하기보다는 가진 것을 활용하여 생산적인 선택을 쌓아나가는 것이 중요하다. 부동산은 시험 문제처럼 푸는 것이 아니라, 단계적인 선택과 이동으로 접근해야 한다는 사실을 기억하자.

30대: 실거주와 성장성을 동시에 잡는 시기

30대에는 소득이 본격적으로 증가하면서 결혼, 출산 등 삶의 중요한 이벤트가 발생하며 지출도 함께 커지는 경우가 많다. 더불어 삶의 안정성을 위한 '내 집 마련'을 본격적인 키워드로 다루게 되는 시기이기도 하다.

집을 마련하여 실거주도 해야 하지만 성장성을 동시에 충족할 수 있도록 설계하는 것이 중요하다. 출퇴근이나 육아 동선, 교통 인프라와 업무지구 인접 등의 입지 프리미엄, 도시 개발 계획과 인프라 확충 등 미래 가치까지 고려하여 선택해야 한다. 살고 싶은 동네가 아니라 수요가 계속 들어올 수 있는 입지인지 확인하는 것이다.

30대에는 매수 타이밍과 갈아타기 가능성에도 포인트를 두는 전략이 필요하다. 전세와 자가의 레버리지를 비교하고, 금리·DSR 스트레스 테스트하며, 전세 자금대출과 주담대 비용을 나란히 두고 비교하여 판단한다. 갈아타기를 한다면 매도 후 매수의 순서나 브릿지 대안, 동시 진행 리스크까지 관리할 수 있어야 한다.

40대: 자산 피크 구간의 의사 결정 시기

40대는 자산의 피크 구간인 동시에 부채 만기 구조를 재설계해야 하는 시기다. 자산 설계의 방향성에 맞추어 금리 유형이나 상환 방식을 재설계하는 것 자체가 전략이 된다.

또 40대부터는 포트폴리오의 분화가 필요하다. 실거주만으로 끝내지 않고 현금 흐름형 자산(예: 오피스텔, 일부 상가)을 옵션으로 보되, 실질 수익률을 갉아먹는 자본적 지출·공실·세금 영향도 함께 관리해야 한다. 금리 상승이나 공실률 등의 리스크를 얼마나 촘촘하게 관리하느냐가 핵심이다.

50대: 리밸런싱 원칙

50대는 자산을 더 키우기보다는 자산 교체를 검토하며 다듬어 가는 시기에 가깝다. 대형을 보유하고 있다면 중형/역세권/관리 용이 자산으로 교체를 검토하고, 다주택 규제 환경에서는 보유·양도·임대를 포함한 세후 수익을 최적화한다. 관리 부담 경감, 유동성 확보, 세금 효율성, 노후 생활 적합성 등을 감안하여 밸런스를 다시 맞추는 것이다.

또한 50대의 현금 흐름 강화 방향으로 배당형 자산(안정적 임대 수익), 우량 부동산(유동성/분산 효과), 중위험 상품(위험-수익 균형), 레버리지 축소(부채비율 감소·금리 리스크 관리)의 전략을 고려할 수 있다. 같은 자산 규모라고 해도 좀 더 안정적이고 가벼운 구조로 바꿔보는 것만으로도 유지 보수의 부담이 줄고 은퇴 전후의 삶의 질이 달라

268

질 수 있다.

60대: 안정·유동성·상속을 우선순위로

60대 이후에는 공격적인 수익률보다 삶의 안정성과 의사 결정의 단순화를 추구할 필요가 있다. 일단 엘리베이터가 있는 건물, 의료 시설 접근성, 생활 편의 시설 인접 등의 조건을 고려하여 주거 환경을 최적화하는 것이 우선순위다. 자산 관리는 임대 관리 외주화, 공실 리스크 최소화, 리츠로 관리 부담 이전 등으로 되도록 간소화시킨다. 또 증여와 상속에 있어서는 세금 효율 등을 고려해 최적의 타이밍을 보고 실행에 옮겨야 하는 시기다.

생애 흐름에 따라 삶의 구조도 복잡해지는 현대 사회에서 부동산 전략도 '한 가지 정답'으로 고정될 수는 없다. 정확히는 연령대라기보다 생애 주기와 우선순위의 변화에 따라 현금 흐름을 통제하는 전략이 승부를 가린다고 보면 된다. 금리·규제·인구 구조 변화가 동시에 작동하는 환경 속에서 부동산은 유동적으로 구조를 재설계하는 장기 게임인 셈이다.

6장

투자 포트폴리오와
실패 회피 오답 노트

01.
규제의 시대, 갭 투자는 여전히 유효할까

갭 투자란 시세 차익을 목적으로 아파트 매매가와 전세가의 차액(gap)이 적은 집을 고른 후에, 주택을 매입 전후로 바로 전세 세입자를 구하는 것을 의미한다. 예를 들어 집 매수자가 3억 원으로 아파트를 구하려 할 때 그 아파트의 평균 전세가가 80%(2억 4,000만 원)이면 집 구매자는 그 아파트에 들어가 살 전세자를 구해 그 돈으로 대금을 치르고, 나머지 6,000만 원만 자기 부담금으로 내는 것이다. 그래서 실제 투자 금액에 비해 적은 자본만으로도 갭 투자가 충분히 가능하다. 해외에는 전세 제도가 없다 보니 사실상 어느 나라에도 없는 투자법이라고도 할 수 있겠다.

과거 70~80년대 강남 개발의 시대에 복덕방을 누비던 '복부인'

들이 직관적으로 깨달았던 것이 바로 이렇게 '남의 돈을 내 돈처럼 활용하는 법'이었다. 당시에는 금융 지식의 부족으로 '레버리지'라는 개념조차 정립되지 않았지만, 대신 '전세 끼고 산다'는 표현이 통용되면서 이렇게 부족한 투자액을 확충했다. 이는 누군가에게 자산 증식의 사다리가 되었지만 누군가에게는 깡통 전세라는 고통이 되기도 했다.

그리고 현재에 이르러서는 고도의 세무 지식과 거시 경제 분석이 필요한 '지능형 자산 배분'의 영역으로 진입했다. 규제의 시대에 접어든 지금은 취득세, 보유세, 양도소득세라는 3중 규제와 더불어 대출 규제(DSR)까지 가세하며 과거처럼 '돈만 있으면 사 두는' 방식은 더 이상 통하지 않는다. 그렇다면 갭 투자는 이제 끝난 전략일까, 아니면 또 다른 형태로 살아남고 있을까?

갭 투자를 가로막는 규제의 벽

정부에서는 과도한 갭 투자가 주택 시장을 교란한다는 판단으로 여러 겹의 방어막을 쳤다. 현재 갭 투자자가 마주한 벽은 크게 세 가지를 꼽을 수 있다.

가장 먼저 체감되는 부분은 세제 규제에 대한 부담이다. 다주택자에 대한 취득세 중과는 매입 단계에서부터 자금 부담을 높여 투자 결정의 가장 큰 걸림돌이다. 보유 단계에서도 인별 합산 과세로 인해 주택 수가 늘어날수록 유지 비용이 기하급수적으로 상승한다. 매도 단계에서는 양도소득세가 기다리고 있다. 단기 보유 후 매도하거나 다주택자일 경우 수익의 상당 부분을 세금으로 납부해야 한다. 따라서 '오르면 판다'는 단순한 계획으로는 실질적인 수익이 크게 줄어들 수 있다.

대출 규제 역시 중요한 변수다. 전세 보증금은 DSR 계산에 직접 포함되지 않지만, 세입자가 퇴거하여 보증금을 돌려주기 위한 '전세금 반환 대출'을 받을 땐 엄격한 DSR 규제가 적용된다. 즉 매도나 추가 대출을 통해 유동성을 확보하려 할 때 '엑시트(Exit)' 전략이 막힐 수 있다는 뜻이다.

또 전세 자금대출 규제도 갭 투자에 영향을 미치는 요인이다. 세입자가 전세 대출을 받기 어려워지면 전세 수요가 위축되면서 전세가가 하락하고, 자연스럽게 매매가와의 차이가 벌어지게 된다. 갭 투자의 가장 큰 리스크는 집값의 하락이 아니라 전세가의 하락이다. 결과적으로 투자자가 투입해야 하는 자기 자본이 늘어나기 때문에 갭 투자 자체가 위험해지는 것이다.

리스크 유형	내용	대응 방안
역전세	전세 시세가 계약 당시보다 낮아져 차액을 세입자에게 돌려줘야 하는 상황	여유 자금(비상금) 확보 및 전세금 반환보증 보험 활용
깡통 전세	매매가보다 전세가+대출금이 높아져 집을 팔아도 보증금을 못 돌려주는 상황	전세가율이 너무 높은 (90% 이상) 단지 회피
유동성 덫	거래 절벽으로 인해 원하는 시기에 집을 팔지 못하는 상황	환금성이 좋은 대단지, 역세권 위주 투자

리스크 별 대응 방안

<u>'양보다 질'의 시대</u>

이제 '무조건 갭이 작은 것'을 찾는 시대는 끝났다. 규제의 시대에 살아남는 갭 투자의 전략은 이전과 달라져야 한다. 과거에는 여러 채를 분산 보유하며 시세 상승을 기대하는 전략이 유효했지만, 지금은 다주택 중과세를 피하기 위해서 지방 여러 채보다 서울이나 수도권 핵심지의 한 채에 집중하는 전략이 대세다. '똘똘한 한 채'를 통한 상급지 갈아타기형 갭 투자로 변화하고 있는 것이다.

또 공급 물량에 대한 분석도 필수적이다. 갭 투자의 핵심은 전세가의 안정성에 있는데, 입주 폭탄은 전세가 하락의 주범이다. 따라서 향후 2~3년간 해당 지역의 입주 물량을 반드시 체크해야 한다. 전세가율이 높다고 해서 안심할 것이 아니라, 그 이유가 '매매가가 안 올라서'인지, '실거주 수요가 탄탄해서'인지 이유를 명확히 분석하는 것도 중요하다. 후자의 경우일 때만 진정한 투자처로서 가치가 있다고 볼 수 있다.

결국 갭 투자가 사라진 것은 아니지만, 형태가 변한 것은 분명하다. 과거처럼 '묻지마 투자'를 했던 세대는 도태될 수밖에 없으며, 철저하게 세후 수익률을 계산하고 역전세 리스크까지 방어하는 투자자만이 살아남을 것이다. 규제는 시장의 과열을 막기도 하지만, 역설적으로 '공급 부족'을 초래해 훗날 가격 상승의 불씨가 되기도 한다. 지금은 공격적인 확장보다는, 시장의 흐름을 읽으며 알짜 매물을 선별하는 혜안이 필요한 시점이다.

02.

미래 가치를 사는 재건축·재개발 투자

　　재건축과 재개발 투자는 소액으로 시작하여 시간을 투자하는 방식이라고 할 수 있다. 상대적으로 낮은 자본으로 진입하여 시간의 흐름과 사업 진행에 따라 자산의 형태 자체가 바뀌는 구조에 투자하는 것이다.

　　특히 정부의 주택 공급 활성화 방안과 맞물려 서울 수도권의 신축 공급은 재건축, 재개발을 통해서만 가능한 상황이다. 특히 서울은 새 아파트가 워낙 부족하기 때문에 낡은 건물을 허물고 새로 짓는 재건축·재개발이 거의 유일한 새 아파트 공급 방법이다. 정부에서도 주택 공급 확대를 위해 재개발·재건축 규제 완화를 비롯해 도시 정비 사업을 적극적으로 밀어주고 있는 만큼, 중장기적으로 정책적인 우선순위가 유지될 가능성이 높다.

재건축·재개발 투자의 장점은 전세 입자 승계 및 대출 활용으로 초기 투자금 부담을 줄일 수 있을 뿐 아니라, 무엇보다 완성된 신축 아파트보다 저렴하게 매수하여 높은 시세 차익을 기대할 수 있다는 점이다. 또 취득세, 증여세, 보유세 등 세금 절감 효과도 누릴 수 있다.

주택 보유자의 경우 처분 조건부로 이주비 대출을 받으면 두 마리 토끼를 다 잡는 격이다. 투기과열지구 해제 시 양도 금지 제한이 풀려 매도가 가능하며, 장기 보유 시에는 더 큰 수익도 기대할 수 있기 때문이다.

소액으로 시간을 투자하는 전략

많은 사람이 재건축이나 재개발 투자는 '부자들만 하는 투자'라고 오해하지만, 실제로는 소액으로도 얼마든지 시작할 수 있다. 전세 세입자를 끼고 투자하거나 대출을 적절히 활용하면 초기 투자금이 확 줄어들기 때문에 심지어 2,000~3,000만 원으로도 수익을 내는 방법이다.

대신 재건축·재개발 투자는 '시간'을 충분히 투자할 수 있는 사람에게 유리하다. 단기 매매가 아니라 5년, 10년의 시간도 기다릴 수 있어야 의미가 있다. 실제로 10년 동안 잊고 있던 재개발 물건이 무려 12억 원이나 오른 사례도 있었다.

지금 당장 비싼 신축 아파트를 사는 것보다 미래에 신축 아파트로 전환될 곳에 투자하면 자산의 가치는 자연스럽게 오를 수 있다. 게다가 취득세, 종부세 등 세금 절약 효과까지 누릴 수 있다는 것도 이점이다.

예를 들어, 강북의 대장이라 할 수 있는 북아현 2구역은 핵심적인 입지와 각종 사업 리스크가 해결된 안정성을 바탕으로 높은 가치 재평가가 기대되는 곳이다. 양전·신정 4구역도 학군과 학원가의 생활 인프라를 갖추고 있어 미래 가치가 밝다. 노원구 상계 뉴타운은 상대적으로 낮은 초기 자본으로도 서울 브랜드 대단지 신축 아파트를 노릴 수 있는 사례 중 하나다.

이처럼 입지와 사업 진행 단계, 초기 투자금을 잘 고려하여 나에게 맞는 투자처를 고르는 것이 성공적인 재건축·재개발 투자의 핵심이라고 할 수 있다.

성공 확률을 높이는 핵심 팁

재건축·재개발 투자는 분명 매력적이지만 성공 확률을 높이기 위해서는 지켜야 하는 몇 가지 원칙도 있다.

일단 지나치게 초기 단계의 재개발은 아직 불확실성이 커서 위험할 수 있기 때문에 피하는 것이 좋다. 언제 사야 가장 안전하면서도 수익성이 높은지, 그 매수 타이밍을 잡는 것이 중요하다. 이를 위해서는 부동산에서 하는 말을 그대로 듣는 것이 아니라 스스로 물건을 판단할 수 있는 기본적인 지식을 반드시 갖추어야 한다. 그래야 자신의 기준에 따라 어떤 물건이 좋은지 판단하고, 중개사를 통해서도 제대로 소통할 수 있다.

기본적으로 재건축·재개발은 긴 시간을 필요로 하기 때문에 단기적인 수익을 원하거나, 장기적인 기다림이 어려운 상황이라면 추천하기 어렵다. 부동산도 주식과 마찬가지로 자주 시세를 확인하기보다는 묵묵히 기다리며 버티는 전략이 필요할 때가 많다. 다만 재건축 초과 이익 환수금(재초환)이나 분담금에 대해서 미리 확대 해석하며 걱정할 필요는 없다. 대부분은 완공 후의 자산 가치가 이를 흡수하는 경우가 대부분이기 때문이다.

재건축·재개발 투자에 발을 들이려면 눈앞의 가격보다 먼 미래의 가치를 보는 눈이 필요하다. 본인의 자금 구조가 버틸 수 없다면 위험한 투기에 불과할 수 있으나, 장기적으로 확신을 가질 수 있는 곳이라면 미래를 가장 직접적으로 사는 방식이 될 수도 있다.

빌라 투자, 기회인가 함정인가

"모두가 아파트에서 살 수는 없다."

많은 사람이 이 문장을 현실로 받아들이며 다음 선택지로 빌라를 떠올리기 시작했다. 특히 신혼부부나 젊은 세대에게 빌라는 '내 집 마련'의 첫 단계처럼 보이기도 한다. 분양 광고에 등장하는 '실입주금'이라는 표현이 경제적 부담을 낮춰 주는 것처럼 느껴지고, 외관이 깔끔하고 내부 설계도 아파트와 비슷하여 신축 빌라에 대한 선호도는 꾸준히 존재해 왔다.

실제로 최근 1~2년 사이에 서울을 중심으로 빌라(연립·다세대 주택) 시장이 뜨거운 관심을 받았다. 아파트 가격이 단기간에 급등하면서 상대적으로 저렴한 주거 대안이자 대체 투자처로 빌라가 주목받기 시작한 것이다. 또한 서울의 비아파트 준공 실적이 감소하면서 공급 감소로 인한 수급 불균형도 빌라 가격을 지탱하고 있는 요인이다. 이에 따라 실제로 빌라의 실거래가가 빠르게 상승하는 흐름도 나타났다.

또한 2024년 12월부터 빌라 소유자에 대한 청약 규제가 완화되는 변화가 생기면서, 이는 빌라의 투자 가치를 높이는 요인으로 작용했다. 일정 기준을 충족하는 비아파트를 소유해도 무주택자로 인정하는 범위가 확대되는 개정안이 발표된 것이다. 과거에는 빌라를 소유하고 있으면 청약에서 불리하다는 인식이 강했지만, 이제 빌라 소유자도 1순위 청약 자격을 얻어 인기 지역의 아파트 청약 경생에 참여할 수 있다. 득히 서울과 수도권의 고가 빌라 소유자들에게는 청약 접근성을 높여 주는 큰 혜택이다.

특히 1주택자가 아파트 청약에 유리한 자격을 얻을 수 있다는 점은 빌라를 중간 단계 투자처로 활용할 수 있는 기회를 제공한다. 인기 지역의 아파트 청약에 대한 접근성을 높일 수 있는 매력적인 전략적 선택지인 셈이다.

단기적인 투자 관점에서는 이와 같이 빌라 시장의 상승세가 일정 기간 이어질 가능성이 있지만 장기적으로는 아파트 시장 가격 조정 여부와 추가적인 공급 대책에 따라 빌라의 매력이 변할 수도 있다. 당장은 상승하는 시장으로 보이는 빌라에 투자하는 것이 과연 합리적인 선택이 될 수 있을까?

정말 빌라 투자를 고려하는 경우, 아파트보다 훨씬 더 많은 공부를 해야 하며 무척 신중한 고민이 필요하다. 그 안에 보이지 않는 함정도 숨어 있기 때문이다. 신중하지 않은 선택은 큰 손실로 이어질 수 있는 만큼 빌라 구매는 철저한 조사와 계획이 필수적이다.

빌라 투자, 피해야 할 유형들

빌라를 고려했을 때는 우선 무엇을 사야 하는지보다 '피해야 할 유형'을 명확히 알아두는 것이 중요하다.

첫째, 신축 빌라는 의외로 가장 큰 함정이다. 외관이 깔끔하고 내부 구조도 현대적이라 겉으로는 새 아파트와 비슷해 보이지만, 아파트와 달리 분양가 심사를 받지 않아서 시세보다 비싸게 책정될 가능성이 크다. 특히나 초보자일수록 감춰진 리스크를 대응하기 어려울 수 있기 때문에 신축 빌라 투자는 권장하지 않는다.

둘째, 일명 근생 빌라라고 하는 '근린생활시설'이다. 외관은 빌라처럼 보이지만 건축물 대장에 근린생활시설로 등록된 경우가 있다. 이는 원래 주택 용도로 사용할 수 없고 취사 시설도 설치해서는 안 되기 때문에, 주거용으로 사용하다가 향후 문제가 생길 가능성이 높다. 보통 주차 문제를 해결하기 위해 억지로 세대 수를 늘린 결과물인데 주거용으로 전환하려면 큰 비용과 노력이 들어간다. 가격이 저렴해 보인다면 일단 의심해 볼 필요가 있다.

셋째, 위반 건축물이다. 건축물 대장에 노란색으로 '위반 건축물' 표시가 되어 있는 경우는 매매와 대출이 매우 어려워진다. 시정 조치를 시행하지 않으면 이행 강제금이 발생하고, 장기적으로 큰 손실을 초래할 수 있으니 위반 가능성이 있는 건물은 반드시 확인하여 피해야 한다.

넷째, 재개발 지역의 신규 빌라다. 재개발 지역이라고 해서 모두 기회라고 바라봐서는 안 된다. 권리산정 기준일 이후에 지어진 빌라는 입주권을 받을 수 없고, 감정가를 기준으로 현금 청산 대상이 된다. 특히 문재인 정부 당시의 3080 재개발 구역 내 빌라는 매도도 어려워 손해를 볼 가능성이 크다.

초보 투자자가 빌라에 접근하는 방식

빌라 투자는 상대적으로 소액으로 접근할 수 있어 투자 초보자에게 매력적이지만, 그만큼 안전하지 않은 분야이기도 하다. 아파트와 달리 정보 비대칭성이 크고, 시장 구조가 복잡해 초보자가 리스크를 감당하기는 쉽지 않다. '접근성 높은 투자'로 보이지만 실은 진입 장벽이 높은 위험한 영역인 것이다.

그렇다면 빌라 투자를 아예 배제해야 할까? 꼭 그렇지는 않다. 다만 아파트와는 또 다른 기준을 세워야 하니, 안정성과 수익성을 높이기 위한 몇 가지 원칙을 기억해 두자.

먼저 지역 분석과 실수요자 중심의 접근을 해야 한다. 생활 인프라가 좋고 임대 수요가 존재하는 지역인지 분석하는 것이다. 역세권 근처나 재개발이 예정된 지역의 오래된 빌라는 향후 가치 상승을 기대할 수 있다.

다음으로 건축물 대장을 반드시 확인해야 한다. 특히 건물 용도와 위반 여부를 체크하여 근린생활시설이나 위반 건축물을 피하고, 주택 용도로 등록된 매물을 선택하는 것이 기본이다.

가능하다면 혼자 결정하기보다 경험 많은 전문가와의 상담을 활용하는 것도 추천한다. 리스크를 최소화하기 위해서는 빌라 시장의 구조를 충분히 이해하는 사람의 조언이 큰 도움이 될 것이다.

신축 빌라의 화려함, 근생 빌라의 저렴함, 재개발 빌라의 미래 가치 등 각 유형의 빌라마다 매력적인 장점을 가지고 있지만 빌라 투자에서는 쉬운 선택이 큰 손실로 이어질 수 있다. 빌라는 '내 집 마련'의 첫걸음이 될 수도, '부동산 함정'이 될 수도 있으니 신중하고 현명한 결정을 내려야 할 것이다.

04.
다세대·빌라가
아파트의 대안이 될 수 있나

다세대·빌라 투자는 소액으로도 접근할 수 있다는 장점이 있지만, 다양한 리스크를 반드시 확인하고 들어가야 한다. 같은 부동산이라고 해도 아파트가 비싸다는 이유로 다세대나 빌라를 '대안'처럼 선택하는 것은 위험한 접근이다. 기본적으로 가격은 물론이고 시장 구조나 수요, 관리, 정책 등이 완전히 다르기 때문이다.

가격이 보이지 않는 자산

다세대·빌라 투자의 가장 큰 특징은 아파트와 달리 개별성이 강해 정확한 시세 파악을 하기 어렵다는 점이다. 아파트는 단지나 평형 등이 비교적 표준화되어 있어 실거래가 비교가 쉽지만, 빌라는 같은 지역이라도 건물마다 구조, 연식, 층수가 달라 실거래가를 정확하게 비교하기 어렵다. 신축 빌라의 경우에는 주변 거래 자체가 부족하다 보니 주변 시세를 통한 추정조차 쉽지 않다. 이러한 시세 불투명성이 전세 사기의 온상이 되고 있는 것도 사실이다.

이와 관련하여 나오는 문제 중의 하나가 바로 깡통 전세다. 전세가율이 80% 이상인 '깡통 전세'는 보증금을 제대로 돌려받지 못할 수도 있는 위험 물건으로 분류된다. 같은 건물 내 선순위 임차인이 누구인지 파악하기 쉽지 않으며 후순위 임차인은 경매 시에도 보증금을 돌려받지 못할 가능성이 크다. 최근에는 전세 사기 여파로 위험 비율이 줄어들기는 했으나 여전히 10가구 중 3가구 정도는 위험 수준이다.

또한 빌라는 아파트보다 거래의 빈도가 낮고 수요층이 얇기 때문에 환금성이 상당히 떨어진다는 문제도 있다. 특히 주차장 부족, 보안 취약성, 엘리베이터 부재 등의 구조적 단점으로 인해 '살기 불편하다'는 인식이 수요 부족으로 이어진다. 결국 상승기에는 가격이 잘 오르지 않으면서, 하락기에는 더 빨리 떨어지는 경향을 보이는 것이다.

관리와 보유 부담의 현실

빌라는 매입 이후 관리 부담도 가볍지 않은 편이다. 다세대 투자의 경우 여러 세대의 임대 관리를 책임져야 하는데 임차인의 연체, 계약 위반, 손해 배상 요구 등 임차인 리스크가 상시 발생할 수 있다. 아파트처럼 관리 주체가 명확하지 않다 보니 이웃 간 갈등이 해결되기 어려운 경향이 있다.

또한 관리 상태가 수익성에 직접적인 영향을 미치며, 노후 빌라일수록 정기적인 관리와 유지 보수에 상당한 비용이 들어가게 된다. 관리비 절약을 위해 직접 관리하더라도 상당한 시간과 노력이 필요하고, 입지에 따라 공실이 발생할 수 있다는 점도 감안해야 한다.

금융 측면에서도 아파트에 대비해 대출 조건의 불리함이 있다. 담보 대출 한도가 낮고, 금융 기관의 보수적인 평가로 인해 대출 승인 자체가 어려운 경우도 있기 때문이다. 특히 LTV(담보대출 한도비율) 규제가 강화된 현 상황에서는 더욱 제약이 크다.

여기에 다주택자의 경우 취득세 중과와 양도세 중과가 적용되며, 보유세 부담도 적지 않다. 임대 소득이 있을 경우 종합소득세도 더해지면서 전체적으로 세금의 부담이 증가하는 추세다.

불확실한 기대의 리스크

빌라 투자에서 가장 크게 기대하는 부분은 바로 재개발 가능성이다. 하지만 확정된 사업이 아니라면 재개발은 막연한 기대에 불과하다. 실제로 재개발이 확정되어도 10년 이상의 장기적인 투자 관점이 필요하다. 2021년 말에 발표된 신속통합기획 1차 선정지도 이제야 구역 지정과 조합 설립을 마친 수준이다. 재개발 가능성만으로 투자했다가 사업이 무산되거나 지연되면 장기간 자금이 묶일 수 있다.

정책적으로 재개발 후보지는 토지거래허가 구역 및 건축허가 제한을 적용받기 때문에, 재개발 과정에서도 정책 변화에 따라 사업성은 크게 달라질 수 있다. 특히 최근에는 재개발 규제 강화로 인해 과거와 같이 높은 수익을 기대하기는 어려워진 상황이다. 즉 재개발 확정이 아닌 단순 기대감만으로는 의미 있는 투자라고 볼 수 없다.

다세대·빌라 투자를 고려한다면 최소한 재개발이 확정된 구역이나 정비 구역으로 지정된 곳을 우선 검토하고, 전세 보험 가입 여부 등의 안전 장치를 확인하는 것이 우선이다. 또한 충분한 현금 여유 자금을 바탕으로 장기 보유 가능한 범위 내에서 투자하는 것이 현명한 선택이다. 단지 아파트의 대안으로 빌라를 선택하려 한다면 차라리 아파트 시장에서 가성비 높고 미래 가치가 높은 물건을 찾아보거나, 아예 다른 투자 대상을 고려하는 것이 나을 수 있다.

05.
수익형 부동산은 '집'이 아니라 '사업'이다

주택은 설령 잘못 사더라도 '그냥 살면' 버틸 여지가 있다. 최악의 경우에도 가격을 조금 낮추면 전세나 월세, 매매가 성사될 가능성도 높다. 하지만 오피스텔, 지식산업센터, 상가, 생활형 숙박 시설 등의 수익형 부동산은 구조가 다르다. 수요가 끊기면 가격과 무관하게 현금화가 어려운 자산이 된다. 즉 원금 회수 자체도 어려워질 수 있는 상품군이라는 뜻이다.

2026년의 시장은 이를 더 분명히 보여 준다. 금리 인하 기대가 상업용 투자 심리를 일부 회복시키고 있지만, 동시에 '좋은 곳만 더 좋아지는' 양극화도 강해졌다. 이제 수익형 부동산 투자는 수익률이 아니라 '공실 확률'을 먼저 계산하고, 매도 가능성까지 포함하여 '사업 타당성'으로 판단해야 한다.

　수익형 부동산의 종류는 달라도 결국 성패를 가르는 변수는 같다. 공실 확률은 주로 두 가지로 결정된다. 첫째는 그 공간을 필요로 하는 수요가 꾸준히 있는지의 임차 수요, 둘째는 앞으로 동일한 상품이 더 쏟아지는 추가 공급의 가능성이다. 일단 이 두 가지를 제대로 보지 않으면 수익 구조는 무너질 수밖에 없다.

　수익형 부동산에 투자하기 전에 많은 투자자들이 광고 수익률에 현혹되지만, 실제로 투자자가 체감하는 것은 순수익률이다. 월 임대료에 공실 리스크를 가정하여 차감하고, 관리비와 운영비, 수선과 리뉴얼 비용, 세금, 이자 비용, 분쟁 가능성까지 고려해야 현실적인 순수익이 나오게 된다. 여기까지 거쳐도 플러스가 남아야 투자다. 그렇지 않다면 수익률이 아니라 막연한 '희망'일 뿐이다.

공실 통제가 핵심인 오피스텔 투자

　최근 오피스텔에 대한 관심이 늘어나고 있는 이유는 전세의 월세화 흐름과 공급 급감이 맞물려 수급 균형을 만들고 있기 때문이다. 임대 수익률도 데이터상으로는 전국 5%대, 서울은 4%대 후반 수준으로 드러나 있다. 하지만 지금 꼭 오피스텔이 기회라는 의미는 아니다.

현실적으로 오피스텔에 투자하려면 몇 가지 관점을 기억해야한다. 일단 오피스텔의 입지는 '주거'가 아니라 '출퇴근'을 기준으로 바라봐야 한다. 일자리 자체, 또는 일자리로 향하는 역세권이 입지의 핵심이다. 최근 서울은 소형보다 '아파트 대체 가능한 면적'의 상승률이 더 컸다는 분석이 나올 만큼 중대형의 가치가 커지고 있다.

또 같은 역세권이라도 건물마다 공실률이나 임대료는 다르다. 동일 건물에서도 실임대 호가와 체결가, 관리사무소 공실 현황 등을 꼼꼼하게 확인해야 한다. 임차인이 교체될 때 가선 교체, 노배와 청소, 중개보수, 2~4주의 공실 등도 기본값으로 책정해 숫자로 파악하는 것이 중요하다.

매도 가능성은 월세 수요가 아니라 매수 시장으로 파악해야 한다. 오피스텔은 특히 대출 규정이나 세금 인식 등의 조건에 따라서 매수층이 확 줄어들 수 있다. 그래서 팔릴 가격이 아니라 팔릴 구조, 즉 수요층을 먼저 고려하는 것이 필수다. 결국 오피스텔은 '상승 베팅'이 아니라 월세 수요가 버티는 자리에서 공실을 통제하는 투자여야 한다. 입지에 대한 선별을 바탕으로 공실 통제에 대한 현실적인 가능성을 가늠해 볼 수 있어야 할 것이다.

'호황기의 문법'으로는 못 산다! 지식산업센터

지식산업센터는 '오피스 대체'라는 막연한 개념으로 접근하면 바로 사고가 난다. 지식산업센터은 '필요한 업종, 필요한 입지'가 아니라면 거의 수요가 없다. 실제 시장 신호도 거친 편이다. 고분양가 부담과 분양률 저하로 인해 할인 분양이나 임대 전환이 늘고, 준공 후 미분양이 쌓이면 그대로 손해로 이어진다. 금융 기관이 분양가를 그대로 인정하지 않고 감정 평가 후 LTV를 적용하거나, 잔금 대출 LTV를 낮게 적용하는 사례도 있다. 개발 자체가 다른 용도로 전환 검토되는 경우도 늘고 있다는 보도도 나온다.

그래서 지식산업센터 투자가 가능한 경우는 딱 세 가지로 좁혀진다. 첫째는 산업/업무 클러스터가 이미 형성되어 회사들이 실제로 모여 있는 곳, 교통과 인력 수급이 충분하여 동선이 완성된 곳, 임차 수요가 '지속 업종'인 곳이다. 경기 변동에 즉시 반응하거나 단기 유행하는 업종 비중이 높으면 공실은 급격히 늘어나게 된다.

지식산업센터에 투자하려면 아래 열 가지 체크 리스트를 반드시 확인하자.

- 이 건물의 실제 공실률은 몇 %인가?
- 현재 임대료는 최근 6개월 실거래로 확인 가능한가?
- 관리비와 공용비가 임차인의 체감 비용을 망가뜨리는 수준인가?
- 내 호실은 임차인이 선호하는 동선/층/하역/엘리베이터/주차 조건인가?
- 업종 제한(입주 가능 업종) 때문에 임차 시장이 좁아지지 않나?
- 잔금 대출 조건이 '분양가 기준'이 아니라 '감정가 기준'으로 바뀌면 버틸 수 있나?
- 주변에 1~2년 내 경쟁 지식산업센터가 얼마나 추가 공급되나?
- 시행사·시공사의 분양 정책(할인·임대 전환)이 내 자산 가치를 훼손할 수 있나?
- 최악의 경우, 내가 직접 쓰거나(실사용) 장기 보유할 사업 계획이 있나?
- 5년 뒤 내가 팔 때, 누가 살까(매수층 정의)?

지식산업센터는 수익형이 아니라 '실수요 기업의 비용 구조'로 판단해야 한다. 호황기 가격으로 산 지식산업센터은, 불황기엔 팔리지 않는 자산이 된다.

리스크 자산에 가까운 생활형 숙박 시설

생활형 숙박 시설은 일반 투자자에게는 거의 투자 불가에 가까울 만큼 높은 리스크를 안고 있는 자산으로 분류된다. 특히 2026년 기준에서는 투자 상품이 아니라 '리스크 관리 대상'으로 보는 것이 더 적절하다. 그 이유는 네 가지가 있다.

첫째로 주거 사용 불가 원칙이 강화된 규제 리스크다. 정부는 '미조치 생활형 숙박 시설에 추가 유예조치를 고려하지 않는다'는 입장을 밝힌 바 있다.

둘째로 단속/이행강제금 리스크가 있다. 2025년 9월 말까지 숙박업 신고 또는 용도 변경 신청을 하면 2027년 말까지 이행 강제금 유예가 적용되는데, 시한 내에 신청하지 않으면 불이익을 받는다.

셋째로 생활형 숙박 시설은 결국 '숙박 운영업'으로서, 운영 능력이 떨어지면 구조가 무너질 수밖에 없다. 또한 제도 불확실성으로 매수층이 줄면 '가격을 낮춰도 팔리지 않는' 상태가 쉽게 오게 된다. 실제로 생활형 숙박 시설 물량 규모와 미조치 물량 문제가 지속적으로 보도될 만큼 유동성 리스크도 큰 편이다.

이미 생활형 숙박 시설을 보유하고 있다면 숙박업 신고 가능성, 용도 변경 가능성, 공실 시나리오부터 필수적으로 점검해야 한다. 정부가 제시한 신청 시한과 유예 조건을 놓치면 피해가 커질 수 있다. 또한 일반 신규 투자자의 경우에는 원칙적으로 생활형 숙박 시설 투자는 피하는 것이 합리적이다. 법 개정 기대와 같이 확정되지 않은 가정 위에 투자하는 것은 투자가 아니라 베팅에 가깝다. '고수익 상품'으로 바라보기보다는 사실상 투자 금지 구간으로 분류하는 것이 안전한 수준이다.

수익형 부동산 투자 의사 결정

수익형 부동산의 본질은 '부동산'이 아니라 '현금 흐름 사업'이다. 공실을 통제할 수 있는 입지·수요·공급 구조가 아니면, 높은 수익률은 미끼일 뿐이다. 그래서 수익형 부동산 투자를 고려할 때는 상품을 선택하기 전에 '수요'를 더 면밀히 파악하는 것이 중요하다. '누가, 왜, 매달 돈을 내고 이 공간을 써야 하는가?'에 대한 명료한 대답이 존재해야 한다. 공실을 통제할 수 있는지, 수익률은 어떤지, 원하는 시기에 ‘탈출(Exit)’할 수 있는 전략은 무엇인지까지 고려하여 신중하게 결정할 필요가 있다. ‘6개월 공실’, ‘임대료 10% 하락’, ‘대출 조건 악화’ 등 최악의 시나리오까지 통과하지 못하면 아예 매수하지 않는 것이 낫다.

06.
시장의 충격 속에서 기회를 읽어라

2026년의 한국 부동산 시장에는 거대한 구조 변화가 찾아올 전망이다. 바로 '8년 장기 임대사업자 의무기간 만기'가 본격화되는 시점이기 때문이다. 2017년 말부터 정부는 전월세 시장 안정을 이유로 임대사업자 등록을 적극 장려했다. 임대 기간을 8년 이상 유지하면 취득세·재산세·양도세·종부세를 대폭 감면해 주는 파격적인 혜택이 주어졌다.

그 결과 2018년 한 해에만 전국에서 15만 명 이상이 임대사업자로 등록했고, 등록된 주택이 80만 호를 넘어섰다. 특히 서울 강남·송파·서초, 경기 성남·용인·고양, 인천 연수, 부산 해운대·수영 등 인기 지역에 집중됐다. 이 시기의 투자자들은 정부의 정책 유도 속에 생겨난 일종의 '임대사업자 세대'였다.

　그러나 2020년 이후 제도 축소와 혜택 폐지로, 8년의 의무 임대 기간을 채운 민간임대주택들이 대거 시장으로 돌아올 수밖에 없는 상황을 맞고 있다. 그동안 세제 혜택과 규제에 묶여 있던 이 물건들이 대거 '자유매물'로 전환되면, 가격·수익률·임대료가 동시에 재조정되는 이른바 '시장 리셋 구간'이 도래한다. 이 변화는 단기적인 가격 하락이나 공급 충격으로만 볼 일이 아니다. 오히려 구조적인 기회이자, 자산 재편의 신호탄으로 해석해야 한다.

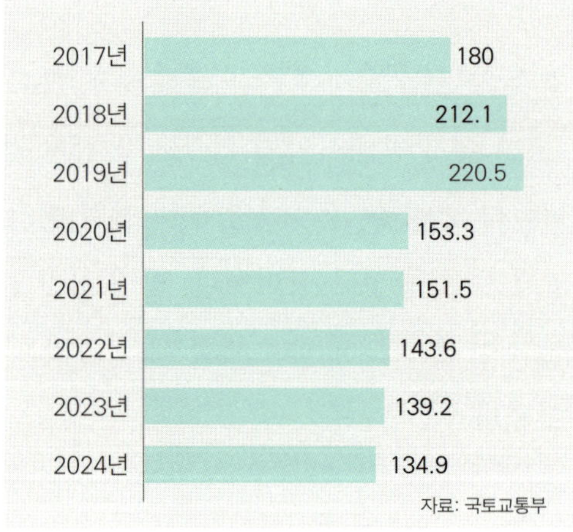

민간임대주택 현황

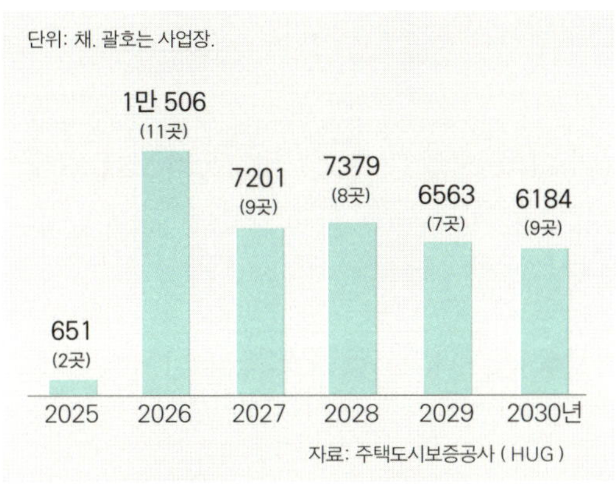

뉴스테이 사업장 임대 기간 만료 현황

60호 만기, 공급 폭탄일까 기회의 창일까

국토교통부 지료를 보면 2018년에 등록된 장기임대주택 중 약 60만 호가 2026년까지 의무 임대 기간이 종료된다. 서울에서만 약 2만 4,000호, 경기도는 20만 호를 넘는다. 이 중 절반이 아파트이며, 나머지는 오피스텔·다세대·다가구다. 겉으로 보면 공급 폭탄처럼 들리지만, 실제 시장에서는 지역별로 다른 파장이 예상된다.

우선 서울 강남·송파·서초권은 수요가 탄탄해 만기 매물이 나오더라도 곧바로 흡수될 가능성이 높다. 반면, 비브랜드 구축 아파트나 오피스텔·빌라형 임대주택은 임차 수요가 줄어드는 순간 급매로 전환될 수 있다.

따라서 2026년의 시장은 일괄적인 폭락보다 유형별 양극화로 전개될 공산이 크다. 지역별로 대응 전략도 달라질 것이다.

① 서울 핵심권: 희소성과 교체 수요

강남3구와 송파·성동·동작 등은 8년 만기 매물 자체가 귀하다. 가격 조정이 나타나더라도 학군·교통·브랜드가 뒷받침되는 단지는 즉시 '갈아타기 수요'가 흡수할 것이다. 이 지역의 투자 전략은 '일시적 하락이 곧 진입 기회'이다. 반면, 리모델링 이슈가 없는 비브랜드 구축 단지는 공급 확대로 조정 폭이 클 수 있다. 결국 입지와 리모델링 가능성이 승부를 가른다.

② 경기권: 성남·용인·고양의 전환점

성남·용인·고양은 8년 코호트가 집중된 핵심 지역이다. 분당·판교는 실수요층이 두터워 매물 흡수력이 높지만, 수지·기흥·일산 등은 전세가율 하락 시 가격 조정 폭이 커질 수 있다. 그러나 이 구간에서 '급매 후 재임대 전략'이 통한다. 보증금 대비 월세 수익률이 4~5%를 넘는 소형 아파트나 오피스텔을 저가 매입해 리모델링 후

재임대하면 안정적인 현금 흐름을 확보할 수 있다.

③ 광역시권: 변동성이 곧 수익

부산 해운대·수영, 인천 송도·연수, 대구 수성구 등 광역시 주요지 역시 2018년 등록이 집중된 곳이다. 특히 2017~2018년 준공된 오피스텔 물량이 2026년 한꺼번에 시장으로 나올 가능성이 크다. 이 지역은 공실과 가격 하락이 동반되지만 바로 그 시점이 진입 타이밍이 된다. 전세가율이 60% 이상이면 리모델링 후 월세 전환, 50% 이하이면 급매 후 재판매 전략이 유효하다.

투자자는 판을 봐야 한다. 2026년 임대만기 현상의 본질은 단순한 물량 확대가 아니다. 그동안 제도에 의해 묶여 있던 물건들이 한꺼번에 자유화되면서 시장 구조가 새롭게 재편되는 것이다. 따라서 투자자는 가격보다 구조적 변화에 주목해야 한다.

만기 매물이 만드는 기회

만기 후 세제 혜택이 사라지면 종부세·양도세 부담이 급증한다. 이때 나오는 급매 물건은 단기 차익형 매수 타이밍이 된다. 임대 등록 물량이 빠져나가면 전세 공급이 줄어 전세난이 재연될 수 있다. 만기 매물을 매입해 월세형 상품으로 돌리면 연 5~6%대 안정적 수익이 가능하다.

또 8년의 의무 기간 동안 손을 대지 못한 아파트나 오피스텔은 리뉴얼만으로도 임대료 20~30%의 인상 여력이 있다. 매매 차익과 임대 수익을 동시에 노릴 수 있는 기회다.

하지만 모든 만기 매물이 기회가 되는 것은 아니다. 첫째, 양도세 중과 유예 종료(2025년 5월) 시점과 맞물릴 경우 단기적으로 매도 물량이 몰리며 가격 하락이 커질 수 있다. 둘째, 금리가 고착되면 투자 수요가 제한되고 매도자들이 버티지 못해 손절매가 늘어난다. 셋째, 공실 위험이 높은 지역은 월세 수익보다 유지비가 커질 수 있다.

이러한 리스크를 감안해 고정 금리 대출, 역세권·직주근접형 선별, 보증금 대비 월세 수익률 4% 이상이라는 기본 원칙을 지켜야 한다.

매물을 찾을 때는 이제 '감'이 아니라 '데이터'를 활용해야 하는 시대다. 프롭테크 기술을 활용하면 임대 매물의 증감, 보증금 추이, 생활인구 변화까지 실시간으로 확인할 수 있다. 아실·밸류맵·직방·부동산지인 등은 '최근 7일 신규 임대 매물', '가격 하향 비율', '동일 건물 다수 등록' 같은 유용한 지표를 제공한다. 공공데이터 포털에서 제공하는 '등록민간임대주택 데이터셋'을 이용하면 읍·면·동 단위의 등록 밀집 지역도 분석 가능하다.

이 데이터를 교차하면 2026년 만기 폭탄의 중심지는 송파 문정동, 성남 분당 정자동, 용인 수지 풍덕천동, 고양 백석동, 인천 송도동 등으로 압축된다. 데이터는 시장의 '미래 지도'다.

임대 만기, 위기가 아닌 구조적 기회

시장은 한 번의 충격 후에 재조정된다. 정부는 제도를 만들고, 시장은 그 틈을 찾아 움직인다. 진짜 기회는 정책이 아니라 만기에서 나온다. 결국 2026년의 임대 만기 현상은 한국 부동산 시장이 지난 10년간 겪어 온 정책 – 공급 – 임대 – 세제 – 가격의 순환 고리의 끝이자 새로운 시작이다. 누군가에겐 세금 폭탄의 서막이지만, 다른 누군가에겐 가격 왜곡이 해소된 첫 투자 기회가 된다. 승자는 공포 속의 구조를 읽는 사람이다.

또 한 번의 분기점을 맞고 있는 2026년의 부동산 시장에서 우리
가 해야 할 일은 예측이 아니라 준비다. 누가 먼저 구조를 이해하고
선점하느냐가 앞으로 10년의 부동산 성적표를 결정할 것이다.

07.
사야 하는 사람, 팔아야 하는 사람, 버텨야 하는 사람

최근 부동산 시장은 매우 복잡한 국면에 진입했다. 규제는 강화됐지만 가격은 쉽게 꺾이지 않고, 거래는 급감하는 이중적 현상이 나타나고 있다. 10·15 대책 이후 서울 아파트 매물은 급감했고, 특히 한강벨트와 노도강(노원·도봉·강북)처럼 실수요가 두터운 지역은 매물 감소 폭이 더 컸다. 갭 투자 금지와 실거주 의무(2년), LTV 40% 축소가 매물 감소의 주요 원인이다.

그럼에도 급하지 않은 집주인들은 굳이 시장에 나오지 않고 호가를 높여 버티기에 들어갔고, 그 결과 거래량은 급감했지만 가격은 쉽게 내려오지 않는 국면이 형성된 것이다.

비아파트의 경우에는 규제 대상에서 제외된 오피스텔은 오히려 거래가 늘고 신고가를 경신하는 단지도 속출했다. 반면 빌라는 거래량이 폭락했는데 전세 사기 여파와 관리 측면의 열등함, 동일 단지 내 아파트 포함 시 LTV 40% 적용의 정책 등이 복합적으로 작용한 결과로 보인다.

전월세 시장은 더 중요한 신호를 보내고 있다. 전세 매물은 거의 늘지 않았지만 월세 매물은 빠르게 증가했다. 갭 투자 금지와 실거주 의무로 전세 공급이 위축되고, 대출 규제로 전세 수요가 월세로 이동했기 때문이다. 그 결과 전세가는 계속해서 상승할 전망이며, 이는 다시 매매 시장에 압력을 가할 가능성이 높다.

불안정한 시장에서는 '오를까, 내릴까'를 예측하는 것보다 자신의 위치에 따라 기준을 잡고 대응하는 것이 중요하다. 가격이 쉽게 내려오지 않는 상황이지만 그럼에도 불구하고 매수를 고려해야 하는 사람, 매도자 우위 시장에서 최대한 이득을 보고 매도하려는 사람, 일단 관망을 선택하는 사람은 각각 합리적인 대응 전략이 다를 수밖에 없다.

매수를 고려한다면

현재와 같은 시장 상황에서 매수를 고려할 때는 우선 실거주 목적을 명확화하는 것이 최우선 과제다. 현재 서울 전역과 경기 12개 지역은 토지거래허가 구역으로 지정되어 최소 2년의 실거주 의무가 부과된다. 투자 목적이나 단기 차익을 목적에 둔 매수는 사실상 불가능하기 때문에 실제로 실거주가 가능한 상황인지 먼저 확인해야 한다. 전입 신고는 계약 후 3개월 이내 필수이며, 2년 미만 보유 시 처분 명령 및 벌금이 부과된다.

다만 경기 김포, 구리, 동탄 등의 비규제 지역은 LTV 70%, 토허제 미적용으로 상대적으로 진입 장벽이 낮은 편이다. 실제로 김포 풍무역 푸르지오는 평균 경쟁률 17.42대 1을 기록했고, 인천 부평 두산위브&수자인은 12.3대 1로 완판되었다. 그러나 단순히 규제를 피하기 위해 선택하는 것이 아니라 서울 접근성, 교통 호재(GTX 등), 개발 계획 등을 면밀히 검토하여 선별하는 것이 중요하다. 규제를 피하기 위한 풍선 효과 수혜만을 기대하면 향후 가치 상승에 한계가 있을 수 있기 때문이다.

대출 여력을 정확히 파악하는 것도 필수다. 규제 지역에서 연봉 1억 원 직장인의 대출 가능액이 과거보다 2~4억 원가량 줄었다.

주택 가격 구간별 대출 한도도 15억 원 이하 6억 원, 15~25억 원, 4억 원, 25억 원 초과 2억 원으로 차등 적용된다. 스트레스 DSR도 1.5%에서 3%로 상향돼 실질 대출 가능액이 더욱 줄어들었다.

서울 아파트 평균 매매가가 15억 수준인 걸 감안하면 최소 9~11억 원의 자기 자본이 필요하다. 자금 여력이 부족하다면 무리한 진입보다는 전세 또는 비규제 지역을 고려하는 것이 현실적인 전략이다.

혹은 신축 대단지 입주 시점을 활용하는 방법도 있다. 대단지 입주 시 일시적으로 주변 전세가가 하락하는 경향이 있기 때문이다. 다만 월세화 가속으로 전세 매물 자체가 부족하고, 분양가상한제 적용 단지는 2년 후 퇴거 요청 가능성이 있어 주의가 필요하다.

매도를 고려한다면

현재 시장은 명백한 매도자 우위의 시장이다. 이미 공급 부족이 문제가 되고 있고, 2027년까지 지속적인 공급 절벽이 예고된 상황에서 급하게 팔 이유는 없다. 실제로 상계주공 9단지 $49m^2$는 10·15 대책 전 5억 원에서 최근 5억 5,000만 원으로 상승한 바 있다. 급매가 아닌 이상 '버티기'가 유리하다.

다만 보유세 부담이 급증하는 다주택자이거나, 대체 주거지 확보가 필요한 경우는 예외다. 강남권은 내년 보유세가 40% 이상 오를 전망이므로, 세금 부담과 시세 차익을 냉정히 비교해 봐야 한다. 세금이 자산 상승분을 잠식하는 구간에 진입했다면 무리하게 버티기만 할 것이아니라 수익형 자산이나 똘똘한 한 채로 포트폴리오를 재편하는 등 선택과 집중 전략을고려할 필요가 있다.

시장이 얼어붙어 있기 때문에 전문가들은 거래 활성화를 위해 양도세, 거래세 완화 등 추가 정책이 필요하다고 지적하고 있다. 정부가 거래 절벽을 인식하고 세제 완화에 나설 경우, 그 시점을 노려 매도하는 진략도 고려할 만하다.

재건축·재개발의 경우에는 보다 신중한 판단이 필요하다. 관리처분계획인가 이후 입주권도 토허제 허가 대상이며, 2년 실거주 의무가 적용된다. 문제는 2년 안에 철거로 이주하면 실거주 의무를 지키지 못해 벌금 대상이 된다는 점이다. 일부 지자체가 준공 이후까지 의무를 이어가는 확약서 방식을 검토 중이지만 명확한 지침은 없으므로 지금으로서는 '리스크 관리'가 우선이다.

대기(관망)을 선택한다면

기다림도 전략이 될 수 있다. 이때는 전세가율을 꾸준히 모니터링하는 것이 좋다. 전세가율이 60%를 넘기는 시점부터 매매가 상승이 시작되는 경향이 있다. 지역별 전세가율 변화를 주시하면서, 전세가율이 상승 추세인 지역에 중장기 매수 기회로 접근하는 전략이 유효하다.

금리의 경우 추가 인하 가능성이 남아 있지만 동결되는 추세이며, 부동산 가격 상승세가 지속되면 인하 사이클이 조기 종료될 가능성도 있다. 금리 인하가 본격화되면 매수 심리가 확대될 수 있으니 금리 동향을 면밀히 관찰하며 매수 시점을 조율하는 것이 중요하다.

다수의 조사에 따르면 2026년 상반기까지 집값 상승을 전망하고 있는데, 누적된 공급 부족 압력과 수요 집중 현상이 지속될 것으로 보인다. 다만 정부의 추가 대책(세제 완화 또는 추가 규제), 금리 방향성, 경기 침체 여부 등이 변수로 작용할 수 있으므로, 최소 2~3개월은 시장 흐름을 관찰하는 것이 신중한 접근이 될 수 있다.

입장에 따른 선택과 대응이 필요하다

자금 여력이 충분하고 2년 이상의 실거주가 가능한 무주택 실수요자에게는 지금도 매수 시점이 될 수 있다. 다만 규제 지역에서 대출이 어렵다면 비규제 지역 또는 대단지 입주 시점을 노린 전세 전략을 고려하는 것을 추천한다. 이후 전세난이 심화될 것으로 보이는 만큼 주거 안정 확보가 최우선이다.

1주택자에게는 현 시장에서 갈아타기를 시도하는 것이 극도로 어려운 상황이다. LTV 40%, 실거주 의무, 기존주택 처분 기한(강남·송파 1년, 서초·용산 4개월) 등 복합 규제로 실질적 이동이 막혀 있다. 급하지 않다면 시장 안정화 또는 규제 완화를 기다리는 것이 현명하나.

투자자의 경우 단기 차익을 노리기는 사실상 불가능하다. 토허제 2년 실거주 의무로 갭 투자가 원천 차단됐고, 규제 지역 내 주택은 임대도 할 수 없다. 중장기 관점에서 비규제 지역의 교통 호재 지역이나 재개발 지역 연립·다세대(갭 투자 가능) 등 틈새 시장을 선별적으로 접근해야 한다.

현금을 충분히 보유하고 있다면 공급 절벽 시대의 핵심 입지(강남권, 한강벨트, GTX 역세권)를 중장기 관점에서 선점하는 전략을 노려 보아도 좋다. 다만 간헐적 고가 거래가 시장을 왜곡할 수 있으므로 급매나 저평가 물건을 신중히 선별해야 할 것이다.

현재 시장은 규제로 인한 단기 조정기이지만, 근본적으로는 공급 부족이라는 구조적 문제가 지배하는 국면이다. 2026년은 단순한 조정기가 아니라 구조 전환기이며, 지역 간 격차를 정밀하게 읽고 선택적으로 접근하는 역량이 그 어느 때보다 중요하다.

08.
싸고 좋은 것은 없지만, 좋은 것을 싸게 살 순 있다

부동산 투자는 오래선부터 부를 축직하고 자산을 증대시키는 강력한 수단 중 하나로 여겨졌다. 특히 안정적인 실물 자산이라는 특성과 장기적인 자산 가치를 기대할 수 있다는 점은 여전히 부동산이 인기 있는 투자처가 되고 있는 이유다. 그러나 부동산에도 다른 투자와 마찬가지로 변하지 않는 중요한 원칙이 존재한다. 싸고 좋은 것은 없다. 그러나 좋은 것을 싸게 살 순 있다.

좋은 것을 싸게 사는 것이 투자다

다른 투자에서도 마찬가지지만 부동산 시장에서도 저렴한 매물이 늘 좋은 기회를 의미하지는 않는다. 싸게 나온 부동산에는 그 나름의 이유가 있기 마련이고, 보통은 그 이유가 가격에 반영되어 있다. 이러한 부동산 투자의 중요한 본질을 이해하지 못하면 '싼 것'을 샀다가 비싼 수업료만 치르는 결과를 얻게 된다.

예를 들어서 교통 접근성이 좋지 않거나 향후 개발 가능성이 낮은 지역에 위치한 부동산은 가격이 저렴하더라도 장기적인 투자 가치를 기대하기 어렵다. '싼 매물에는 이유가 있다'는 말은 가격에 숨겨진 리스크가 반영되어 있다는 뜻이다. 실제로 외곽 지역의 저렴한 빌라를 투자 목적으로 구매했으나 해당 지역의 개발이 무산되고 인프라 부족으로 수요가 줄면서 매도조차 어려워진 사례가 적지 않다.

부동산은 한번 잘못 사면 오랫동안 손실을 안고 가야 하는 자산이기도 하다. 자금 부담이 적다는 이유만으로 가격만 보고 매물을 선택하는 것이 얼마나 위험한지 반드시 인지하고 있어야 한다.

가격이 저렴하다는 이유만으로 사서는 안 되지만, 반대로 좋은 부동산을 싸게 사는 것은 가능하다. 이것이 바로 부동산 투자의 본질이기도 하다. 좋은 부동산을 싸게 사려면 내재 가치를 평가할 수 있는 능력이 필요하다.

내재 가치란 단기적인 시세 변화를 뜻하는 것이 아니라 장기적인 관점에서 부동산의 입지, 개발 가능성과 수요, 인프라 확장 등 다양한 요소에 따라서 결정되는 것이다. 그리고 이러한 요소들이 만들어 내는 가치에 비해 저렴하게 거래되는 시점을 찾아 투자하는 것이 바로 핵심이다.

너무 낡아서 투자 가치가 없다고 외면받았던 서울 외곽 지역의 오래된 아파트가 인근 대규모 개발 프로젝트가 본격화되면서 아파트의 가격이 매입가보다 두 배 가까이 오르기도 한다. 장기저인 관점에서 좋은 자산을 싸게 구매하여 높은 미래 가치를 바라보는 것이 가장 좋은 투자의 사례다.

기회는 불확실성 속에 있다

좋은 부동산을 싸게 사는 기회는 시장의 불확실성에서 찾아온다. 특히 경제 위기나 특정 지역의 단기적인 부정적 이슈는 일시적으로 부동산 가격을 하락시킬 수 있는데, 이때가 오히려 기회가 되기도 한다.

2008년 글로벌 금융 위기 당시에도 많은 사람이 부동산 시장에 대한 불안감으로 투자를 꺼렸지만, 일부 투자자들은 경제 회복과 함께 자산 가치가 상승할 것이라는 장기적인 전망을 가지고 부동산을 매입했다. 그 결과는 경기 회복과 함께 커다란 성공으로 돌아왔다. 불확실성 속에서 막연하게 웅크리기만 하는 것이 아니라 분명한 근거를 바탕으로 확신을 가지고 움직인다면, 시장이 좋을 때와는 또 다른 기회를 찾을 수 있다.

다만, 리스크 관리는 항상 병행되어야 한다. 부동산은 대체로 안정적인 투자로 여겨지지만 시장 상황에 따라 가격 변동이 클 수 있고, 특히 경제적 불확실성 높을 때는 그 위험이 더 커질 수 있기 때문이다.

또한 부동산 투자에서 마주하는 가장 큰 위험 중 하나가 시장의 감정적 흐름에 휘둘리는 것이다. 많은 투자자들이 상승장에서는 과도하게 낙관적이 되어 고가에 매수하고, 하락장에서는 공포에 휩싸여 급하게 매도하는 실수를 저지른다. 시장의 분위기에 따라 남들의 반응을 따라가면 자신도 모르게 합리적이지 못한 판단을

하게 될 수 있다. 좋은 것을 싸게 사려면 이러한 감정적 반응에서 벗어나야 한다.

결국 부동산 투자의 본질은 가치 있는 자산을 적정 가격 이하에서 매수하는 것이다. 싸고 좋은 것은 없지만, 좋은 자산을 싸게 살 수 있다는 투자 철학은 부동산 시장에서도 그대로 적용된다.

핵심 전략은 단기적인 시세 변동에 휘둘리지 않고, 장기적인 관점에서 자산의 내재 가치를 평가하며 그 가치를 적정하게 반영하지 않는 시점을 포착하는 것이다. 부동산 투자란 장기적인 가치와 시장의 비효율성을 활용하는 것이며, 이를 통해 장기적인 수익을 얻을 수 있다는 사실을 기억해야 한다.

09.
부자가 되기 위한 3단계 로드맵

과거에는 좋은 학교를 나와 안정적인 직장에 들어가고, 대기업에 들어가 성실하게 월급을 받아 모으며, 궁극적으로 내 집을 사면 언젠가 부자가 될 수 있다고 생각하고, 이 루트를 '인생 성공의 공식'처럼 여겼다. 하지만 전통적인 '엄마표 부자되는 방법'은 더 이상 성립하지 않는 시대다.

고성장 시대에는 근면과 성실만으로도 자산을 불릴 수 있었지만 이제 노동만으로는 자산 격차를 따라잡기 어려워졌다. 이제 자본주의 경제 시스템을 이해하고, 종잣돈을 만들어 그 종잣돈이 또 다른 돈을 만들어내는 구조를 설계해야 한다. 즉 좋은 노동자가 되는 것이 아니라, 자본가의 관점에서 인생의 방향과 목표를 설정해야 진짜 부자가 될 수 있다.

1단계: 종잣돈을 모아 재테크의 체력을 갖춰라

투자의 출발점은 인내심을 가지고 종잣돈을 모으는 것부터다. 종잣돈이 생산 수단이 되어서 궁극적으로 자본가의 시스템을 만드는 목표를 설정하는 것이 첫 단계다. 종잣돈을 모으는 가장 기본적인 방법은 '일테크'다. 노동을 통해 회사에서 대체 불가능한 사람이 되어 자신의 몸값을 올리고, 혹은 자신만의 콘텐츠로 부업을 통해 소득을 늘리는 것도 방법이다.

아무리 돈을 벌어노 다 소비해 버리면 님는 깃이 없으니 쓸 때는 쓰지만 불필요한 지출은 줄이는 '짠테크'도 필요하다. 나에게 어느 정도의 투자를 할 수 있는지 기준을 정하고 가계부를 작성하면 실질적으로 소비를 조절하는 데 도움이 된다.

종잣돈을 모으는 과정에서 자존감 관리도 필수다. 내가 좋은 옷을 사 입고 비싼 가방을 들어야 사람들이 나를 대우해 줄 것이라는 생각은 자존감의 결핍에서 오는 것이다. 자기 자신을 있는 그대로 사랑해 주면서 자존감을 높이고 스트레스를 관리하는 '심테크'도 부자가 되는 첫걸음이다. 하루에 해야 할 일을 '투두리스트'로 작성하면서 매일 작은 성취를 경험하는 것도 자존감을 올려주는 좋은 방법이다.

마지막으로 빚이 많으면 종잣돈이 모이기 어렵다. 특히 신용 대출이나 고금리 대출부터 제일 먼저 상환해야 한다. 자신이 가지고 있는 대출의 종류와 이자, 남은 기간, 매달 나가는 원리금 등을 정확히 파악하여 계획적으로 관리하는 것이 중요하며, 혼자 해결이 어려운 수준이라면 정부 지원 제도를 적극 활용하도록 한다.

2단계: 공부하고, 투자하라

종잣돈이 마련되었다면 투자로 넘어가야 내가 일하지 않아도 돈을 벌 수 있는 시스템이 마련된다. 투자를 할 때는 공부와 실전이 반드시 병행되어야 한다. 막연하게 아무 강의나 듣는다고 해서 저절로 필요한 지식이 쌓이는 것은 아니다. 우선 돈의 역사, 즉 경제사부터 시작하여 특히 자본주의 이후의 근현대사를 집중적으로 공부하기 시작하는 것이 좋다. 과거를 알아야 미래를 보는 인사이트가 생기기 때문이다. 거시적인 경제의 흐름을 이해했다면 그 다음으로 미국 주식부터 ETF, 채권, 부동산 등 개별 자산의 원리를 이해하는 과정으로 들어간다.

실전 투자에 들어가기 전에는 내가 투자하려고 하는 대상 자산의 가격을 매일 체크하면서 가격 변동의 폭과 이슈를 파악하는 연습을 하는 것이 필수다. 이를테면 내가 사고 싶은 아파트의 시세를 매일 살펴보면 어느 순간 나름대로의 기준이 생기고, 왜 오르고 떨어졌는지 생각하게 된다. 어떤 이슈가 대상 가격에 어떤 영향을 미치는지 알게 되면 시장을 파악하는 눈이 생기는 것이다. 처음부터 무작정 큰 돈으로 투자를 시작하면 비싼 수업료를 치르게 되니, 공부를 병행하며 모의 투자나 소액으로 경험을 쌓고 점진적으로 금액을 늘려가야 한다.

3단계: 돈의 가치를 읽어라! 금리 이해하기

투자를 할 때 반드시 알아야 하는 것이 바로 금리다. 금리는 곧 돈의 가치이기 때문에, 금리가 올라가느냐 내려가느냐에 따라서 투자의 전략도 완전히 달라지게 된다. 금리가 오르면 현금의 가치가 높아지고 금리가 낮아지면 실물 자산의 가치가 높아지기 때문에 그 기준을 이해하는 것이 중요하다. 금리의 방향을 이해해야 지금 현금을 들고 있어야 할지, 자산을 매수해야 할지 판단할 수 있기 때문이다.

즉 자본주의 경제 시스템을 이해하고 자본가가 되는 마인드를 갖추어야 부자가 될 수 있다. 경제는 항상 순환하며, 위기는 반복된다. 위기가 왔을 때 남들과 함께 가난해지는 것이 아니라, 준비된 자가 기회를 잡는 것이다. 내 집 마련과 투자는 빨리 시작할수록 유리하다. 평범한 사람도 건물주가 될 수 있으니, 좋은 노동자가 되는 데 그칠 것이 아니라 자본가의 사고방식을 갖춰야 한다. 그래야 내가 돈을 좇는 것이 아니라, 돈이 사람을 위해 일하기 시작할 것이다.

초판 한정 특별 부록

10억 원 이하로 시작하는
아파트 투자 리스트

부록 활용 안내

"이 10억 원 이하 추천 아파트 리스트는 사면 무조건 오르는 아파트가 아닙니다. 지역 내 거주 수요가 많은 대표 아파트일 뿐입니다. 첫 매수 아파트로 시행착오를 겪을 만한 아파트로 추천하는 것임을 알아 주셨으면 합니다."

목차

프롤로그 왜 지금, 3040에게 '10억 이하 아파트 리스트'가 필요한가　　330

프롤로그
왜 지금, 3040에게 '10억 이하 아파트 리스트'가 필요한가

부동산 시장은 늘 누군가에게는 기회였고, 누군가에게는 좌절이었다. 특히 3040 세대에게 부동산은 오랫동안 '언젠가 가져야 할 자산'이 아니라, '도무지 닿지 않는 가격표'처럼 느껴져 왔다. 월급은 천천히 오르는데 집값은 빠르게 뛰었고, 금리는 내려갈 듯하다가 다시 부담스러워졌으며, 대출은 가능할 듯하다가도 어느 순간 벽이 되었다. 많은 청년이 부동산 앞에서 기대 대신 체념을 먼저 배웠다.

하지만 시장을 오래 들여다보면 한 가지 분명한 사실이 보인다. 부동산 투자는 처음부터 완벽한 집을 사는 게임이 아니다. 처음부터 모두가 서울 핵심지 신축 아파트를 사는 것도 아니다. 대부분은 지금 감당 가능한 가격대에서, 내가 이해할 수 있는 지역을 골라, 다음 단계로 나아갈 발판이 되는 자산을 차례로 확보하면서 앞으로 나아간다. 결국 중요한 것은 '가장 좋은 집'이 아니라, 지금 내 형편과 시장 상황 속에서 '가장 합리적인 한 채'를 찾는 일이다. 이 초판 한정 부록은 바로 그 지점을 위해 만들어졌다.

이 부록은 막연하게 "어디가 오를까요?"를 묻는 사람을 위한 것이 아니다. 예산이 명확하고, 실제로 움직일 생각이 있으며, 무리하지 않는 선에서 첫 진입 또는 첫 갈아타기를 고민하는 3040을 위한 책이다. 그래서 우리는 화려한 전망보다 현실적인 기준을 앞세웠다. 2억 원대, 3억 원대, 5억 원대, 10억 원 이하라는 구체적 예산 구간 안에서 어떤 지역을 봐야 하는지, 무엇을 피해야 하는지, 어떤 아파트가 다음 수요를 받을 수 있는지를 중심으로 정리했다.

특히 3040에게 중요한 질문 네 가지가 있다.
첫째, 내 자금으로 감당 가능한가.
둘째, 실수요가 살아 있는가.
셋째, 향후 갈아타기 자산으로 기능할 수 있는가.
넷째, 시장 조정기에도 버틸 수 있는가.

이 네 가지는 생각보다 훨씬 중요하다. 단기적으로 오른다는 이유만으로 접근한 자산은 시장이 불안정해질 때 가장 먼저 불안해진다. 반면 실수요가 받쳐 주고, 가격대가 합리적이며, 지역 내 위상이 분명한 아파트는 시간이 지나면서 자산의 안정성을 보여 준다.

이 부록은 단순한 추천 목록이 아니다. '싸다'는 이유만으로 리스트를 만들지 않았고, '유명하다'는 이유만으로 단지를 넣지 않았다. 대신 예산별로 접근 가능한 아파트 중에서, 수요가 확인되고, 입지와 상품성이 일정 수준 이상이며, 다음 단계로 넘어가는 징검다리가 될 가능성이 있는 곳을 중심으로 살폈다. 말하자면 이 책은 지금 살 수 있는 집의 목록이면서 동시에, 앞으로 더 나은 자산으로 이동하기 위한 전략 지도이기도 하다.

특히 3040 세대에게 부동산 투자는 더 이상 선택이 아니라 생존의 문제이다. 전세와 월세의 불안 속에서 계속 머물 것인가. 조금 무리가 되더라도 내 자산의 첫 벽돌을 쌓을 것인가. 그 첫 선택이 향후 5년, 10년의 자산 격차를 바꿀 수 있다면, 더 이상 부동산은 외면할 수 있는 주제가 아니다.

이 책이 정답을 주지는 않는다. 시장은 언제나 변화무쌍하고, 정책은 바뀌며, 지역별 상황도 계속 달라지기 때문이다. 하지만 변하지 않는 원칙은 있다. 아래 원칙만 지켜도 3040의 첫 부동산 투자는 훨씬 덜 위험해지고, 훨씬 더 전략적으로 대응할 수 있다. 잘 고른 한 채는 단순한 주거 공간이 아니라, 삶의 불안을 줄이고 미래의 선택지를 넓혀 주는 자산이 된다.

첫째. 감당이 안 될 정도로는 무리하지 말 것.
둘째. 이해되는 곳에 투자할 것.
셋째. 다음 수요가 있는 아파트를 고를 것.
넷째. 첫 집을 끝이라고 생각하지 말 것.

이 부록이 바라는 것은 독자 한 분 한 분이 숫자 앞에서 겁먹지 않고, 유행어에 휩쓸리지 않으며, 자신의 예산 안에서 가장 현실적이고도 가장 가능성 있는 선택을 하는 데 도움을 드리는 것이다. 3040 독자 입장에서 '내가 가진 돈으로 어디까지 가능한가'가 바로 보일 것이다.

이제부터 묻고자 한다.
당신의 예산은 얼마인가?
당신이 감당할 수 있는 위험은 어느 정도인가?
그리고 당신의 첫 한 채는, 과연 어디에서 시작되어야 하는가?

01.
예산 2억~3억 이하: 진입형

가장 적은 돈으로 진입 가능한 아파트 리스트

핵심은 '이 예산에서 무엇을 살 수 있느냐'보다 '이 예산에서 무엇을 피해야 하느냐'에 두어야 한다.

기준 시점은 2026년 3월 3일 기준으로 확인 가능한 최근 실거래·지역 시세 페이지이다. 이 가격대는 완성형 한 채를 사는 구간이 아니라, 첫 진입과 다음 갈아타기를 위한 발판을 만드는 구간으로 보는 것이 맞다. 서울은 2026년 1월 기준 하위 20% 평균 아파트값도 5억 8,400만 원 수준이라, 2억~3억 원 예산이면 사실상 서울 밖 실거주 생활권을 봐야 한다. 최근 시장 흐름도 한강벨트보다 서울 외곽·경기권으로 시선이 옮겨 가는 것으로 확인된다.

이 가격대의 특징

이 구간의 가장 큰 특징은 같은 돈으로 사는 상품이 완전히 다르다는 점이다. 예를 들어 파주 금촌동에서는 34평 대단지 구축이 2억 4,000만~2억 8,000만 원대에 잡히지만, 김포 통진에서는 22평 신축 브랜드가 2억 7,000만 원대, 평택 비전동에서는 33평 2000년대 중후반 단지가 2억 4,000만~2억 8,000만 원대, 인천 만수동에서는 23평~31평 구축이 2억 1,000만~2억 7,000만 원대에 형성돼 있다. 즉, 이 예산대는 신축 소형과 구축 중형 사이에서 무엇을 택할지 먼저 정해야 한다.

그래서 이 가격대의 핵심은 최고 입지가 아니라 버틸 수 있는 수요를 확인하는 데 있다. 다시 말해, 지금 사는 순간보다 3년 뒤에도 누가 다시 사 줄 것인가가 더 중요하다. 대단지, 평지, 초등학교 접근, 역 또는 버스축, 생활상권, 관리 상태가 가격보다 먼저 봐야 할 항목이다. 새꽃마을뜨란채1단지, 후곡마을뜨란채4단지처럼 대단지와 생활권이 동시에 잡히거나, 비전경남아너스빌처럼 지역 내 생활 인프라가 안정적인 단지가 이 구간에서 강한 이유가 여기에 있다.

어떤 지역을 봐야 하는가

첫 번째는 파주 금촌동이다. 이 지역은 2억 초중반부터 2억 후반까지 선택지가 가장 촘촘하다. 후곡마을뜨란채4단지 2억 8,667만 원, 한일유앤아이2차 2억 7,500만 원, 새꽃마을뜨란채1단지 2억 4,500만 원, 후곡마을주공6단지 2억 3,750만 원, 대방노블랜드2차 2억 3,000만 원 등으로 가격 사다리가 선명하다. 특히 새꽃마을뜨란채1단지는 1,818세대, 후곡마을뜨란채4단지는 1,638세대로 규모가 크고 금릉역·상권·학교 접근성이 확인된다.

두 번째는 김포 통진읍이다. 이곳은 외곽이지만 신축 또는 넓은 평형을 상대적으로 싸게 살 수 있다. 통진읍 전체 페이지에서 e편한세상김포어반베뉴 2억 7,025만 원, 마송현대2차 2억 5,500만 원, 백석마을신일해피트리 2억 3,500만 원, 마송현대1차 2억 500만 원이 확인된다. 특히 e편한세상김포어반베뉴는 2022년식 544세대라 이 가격대에서 신축 선호 수요를 받을 수 있다는 점이 장점이다. 다만 통진 지역의 매물은 철도 체감보다는 생활권 완성도와 차·버스 이동 편의가 더 중요하다.

세 번째는 평택 비전동이다. 이 지역은 2억 원대 물건 수가 많고, 2억 초반부터 후반까지 가격 폭이 넓다. 비전경남아너스빌 2억

8,500만 원, 한빛 2억 7,750만 원, 비전우림필유 2억 5,000만 원, 솔매마을한일유앤아이 2억 4,800만 원, 한성 2억 3,000만 원, 현대이화 2억 2,000만 원, 동성효성 2억 500만 원 등이 확인된다. 무엇보다 소사벌·평택시청·구시가지 생활권을 이용하기 쉬워 실거주 만족형으로 접근하기 좋다.

네 번째는 인천 남동구 만수동이다. 만수동은 연식이 다소 오래됐지만, 가격과 생활 편의의 균형이 나쁘지 않다. 만수대동 2억 1,500만 원, 만수주공2단지 2억 5,700만 원, 만수한국 2억 7,150만 원이 확인된다. 만수주공2단지는 1,920세대 대단지이고, 리뷰에서 만수역 접근성과 평지 장점이 확인된다. 이 가격대에서 '인천 안쪽 생활권'을 원하면 여전히 볼 만한 축이다.

다섯 번째는 양주 옥정동이다. 이 지역은 다른 후보지보다 면적은 작지만 연식이 젊다. 옥정리젠시빌란트는 2018년식 514세대이고 최근 1개월 평균이 2억 6,500만~2억 7,288만 원 수준이다. 즉, '구축 30평대' 대신 '준신축 20평대'를 택하는 전략이 가능하다.

반대로 인천 계양 작전동은 선별적으로만 봐야 한다. 작전동은 2억~3억 원대 물건이 많지만, 같은 페이지에 1억 원대 후반부터 2억 원대 초반의 소규모·노후 단지가 매우 많이 섞여 있다. 작전한

신 2억 5,300만 원, 작전유호 2억 5,000만 원, 작전한국 2억 2,200
만 원, 한양 2억 원 등은 예산상 들어오지만, 주차나 연식, 세대수
는 반드시 더 엄격하게 봐야 한다.

구매를 반드시 피해야 할 집

첫째, 1개동 또는 100세대 안팎의 초소형 단지다. 이런 단지는
매수는 쉬워도 매도가 어렵고, 관리비 체계나 커뮤니티 경쟁력, 인
지도에서 약한 경우가 많다. 예를 들어 화수싱그리아는 93세대 1
개동, 작전아파트는 85세대, 영흥은 45세대이다. 이 가격대에서는
쌀수록 좋다는 말보다 다음 수요가 있는지 확인하는 것이 훨씬 중
요하다.

둘째, 40년 차 전후의 노후 단지인데 주차 부족, 중앙난방, 내진
설계 이전 건물 특성이 동시에 보이는 곳이다. 만수주공4단지는
2,220세대로 규모는 크지만 1987년식, 중앙난방, 주차 공간 부족,
내진설계법 이전 건물로 표시된다. 단순히 대단지라는 이유만으
로 접근하면 생활 만족도가 예상보다 크게 떨어질 수 있다.

셋째, 주차가 구조적으로 부족한 구축 중소형 단지다. 작전유호

는 299세대에 주차 공간 부족으로 표시되고, 작전한신은 리뷰에서 '주차 대란'이 반복적으로 언급된다. 이런 단지는 싸게 살 수는 있어도 장기 거주와 재매각에서 스트레스를 키울 수 있다.

넷째, 신축이라는 이유만으로 외곽 신축을 무조건 사는 것이다. 신축은 분명 장점이 있지만, 통진 신축조차도 김포골드라인 구래역으로부터 5km 이상 떨어져 있다는 정보가 같이 보인다. 결국 신축도 교통 체감과 생활권이 받쳐 주지 않으면 시세 확장력이 제한될 수 있다.

2억~3억 이하 아파트 유망 리스트

아래 10개는 이 가격대에서 실제로 먼저 검토할 만하다고 보는 단지들이다.

○ 파주 금촌 새꽃마을뜨란채1단지
2억 4,500만 원, 34평, 1,818세대. 금릉역·상권·초등학교 접근이 좋고 대단지라 환금성이 비교적 낮다.

○ 파주 금촌 후곡마을뜨란채4단지

2억 8,667만 원, 32평, 1,638세대. 금릉초 단지 인접, 금릉역 접
근성, 대단지 장점이 확실하다.

○ 파주 금촌 후곡마을주공6단지

2억 3,750만 원, 23평, 688세대, 2004년식. 2억 초중반에서 연식
과 생활권 균형이 좋다.

○ 파주 금촌 한일유앤아이2차

2억 7,500만 원, 32평, 148세대, 2007년식. 규모는 작지만 주차
여유와 조용한 실거주 환경이 장점이다.

○ 김포 통진 e편한세상김포어반베뉴

2억 7,025만 원, 22평, 544세대, 2022년식. 이 가격대에서 드문
신축 브랜드 단지다.

○ 김포 통진 마송현대2차

2억 5,500만 원, 31평, 228세대, 1999년식. 신축은 아니지만 30
평대 면적을 잡을 수 있는 실속형이다.

○ 평택 비전동 비전경남아너스빌

2억 8,500만 원, 33평, 903세대, 2009년식. 소사벌 근접, 상권·학

교·시청 생활권이 강점이다.

○ 평택 비전동 솔매마을한일유앤아이

2억 4,800만 원, 33평, 132세대, 2007년식. 굿모닝병원·뉴코아·롯데마트·공원 접근이 좋아 생활 만족형이다.

○ 인천 만수동 만수주공2단지

2억 5,700만 원, 23평, 1,920세대. 만수역과 평지 장점이 뚜렷한 저가 진입 대단지다.

○ 양주 옥정동 옥정리젠시빌란트

2억 6,500만~2억 7,288만 원, 23~24평, 514세대, 2018년식. 30평 구축 대신 20평대 준신축을 택하고 싶다면 이곳이 가장 먼저 볼 카드다.

보조 후보까지 넓히면 만수한국(2억 7,150만 원, 31평), 마송현대1차(2억 500만 원, 21평)도 충분히 검토할 만하다. 만수한국은 30평대 면적 확보가 좋고, 마송현대1차는 2억 초반 예산에서 무난한 실거주형이다.

이 가격대의 핵심 체크 포인트

이 예산대에서는 체크 포인트를 복잡하게 잡을 필요가 없다. 다섯 가지만 보면 된다.

첫째, 대단지인가. 가능하면 500세대 이상, 더 좋으면 1,000세대 이상이 유리하다. 새꽃마을뜨란채1단지 1,818세대, 후곡마을뜨란채4단지 1,638세대, 만수주공2단지 1,920세대처럼 규모가 있으면 시장이 불안정할 때도 상대적으로 덜 흔들린다.

둘째, 연식보다 평면도와 주차 공간, 생활권을 보라. 2억 원대에서 신축만 고집하면 면적이 급격히 줄고, 면적만 고집하면 연식 리스크가 커진다. e편한세상김포어반베뉴처럼 22평 신축을 살지, 새꽃마을뜨란채1단지처럼 34평 대단지를 살지, 비전경남아너스빌처럼 33평 중간 연식을 살지 본인 전략이 먼저 정리돼야 한다.

셋째, 주차와 난방은 반드시 확인하라. 이 가격대에서 가장 자주 후회하는 포인트가 주차와 난방이다. 만수주공4단지는 중앙난방과 주차 부족, 작전유호는 주차 부족, 작전한신은 주차 대란 리뷰가 확인된다. 단지 가격보다 생활 스트레스가 더 크게 남을 수 있다.

넷째, '역세권'이라는 말보다 실제 생활 동선을 보라. 후곡마을 뜨란채4단지와 새꽃마을뜨란채1단지는 금릉역·상권 접근이 실제 리뷰로 확인되고, 만수주공2단지는 만수역과 평지 장점이 보인다. 반면 외곽 신축은 역이 멀어도 신축이라는 이유로 과대평가되기 쉽다.

다섯째, 첫 집은 완성형이 아니라 발판형이어야 한다. 2억~3억 원대 구간은 서울 핵심 자산을 사는 예산이 아니라, 다음 단계인 5억~7억 원대 구간으로 올라가기 위한 첫 발판을 만드는 예산이다. 그래서 이 구간에서는 화려함보다 환금성, 관리 상태, 다음 수요, 무리 없는 대출 계획이 더 중요하다. 서울 저가 아파트 평균조차 5억 원 수준인 현 시점에서는 이 관점이 더 현실적이다.

02.
예산 3억~5억 이하: 수요 추종형

3040이 가장 현실적으로 노려볼 수 있는 구간

이번 구간은 3040에게 사실상 가장 중요한 실전 구간이다. 2억 원대가 '첫 진입'이라면 3억~5억 원대는 실거주와 투자 판단이 본격적으로 갈리는 가격대라서, 지역 선택과 전세가율 해석을 더 엄격하게 보겠다.

이 구간은 3040에게 사실상 가장 현실적인 본게임 구간이다. 서울의 하위 20% 평균 아파트값이 2026년 1월 기준 5억 84만 원까지 올라와 있어, 5억 이하는 서울 핵심지 직접 진입보다 수도권 외곽의 생활권 좋은 단지나 지방 광역시 핵심 생활권을 선별하는 시장으로 보는 게 현실적이다. 동시에 최근 시장에서는 3억~5억 원대가 전세 수요의 매매 전환이 가장 빨리 붙는 가격대라는 평가도 나온다.

2억 원대가 '최소 진입'이라면, 3억~5억 원대는 실거주와 투자 판단을 동시에 할 수 있는 첫 번째 구간이다. 이 예산이면 수도권 외곽에서 30평 전후 아파트, 또는 지방 핵심 생활권에서 30평대 브랜드·준신축을 검토할 수 있다. 반대로 5억을 넘기기 시작하면 서울 저가 구간과 경쟁해야 하므로 판단이 더 까다로워진다. 2026년 전망에서도 수도권은 완만한 상승, 지방은 보합 내지 약세 가능성이 제시돼 있어 기본적으로는 수도권에 더 무게를 두되, 지방은 '핵심 생활권만' 골라야 한다.

이 가격대의 특징

이 가격대의 가장 큰 특징은 상품 구성이 급격히 좋아진다는 점이다. 예를 들어 파주 운정 목동동에서는 운정센트레빌이 4억 3,750만 원, 해솔마을5단지삼부르네상스가 4억 2,667만 원, 산내마을11단지현대아이파크가 3억 4,000만 원 수준이고, 김포 풍무동에서는 풍무자이1단지가 4억 7,150만 원, 한화유로메트로2단지가 4억 5,333만 원 수준이다. 평택 비전동에서는 평택소사벌푸르지오가 3억 7,250만 원, 평택센트럴해링턴플레이스가 3억 5,100만 원, 인천 서구 원당동에서는 LG원당자이가 3억 6,210만 원, 원당금호2차가 3억 5,300만 원, 원당이편한세상이 3억 1,625만 원으로 잡힌다. 즉, 3억~5억 원대는 '대단지 구축'과 '준신축 실거주형' 중에서 전략적으로 고를 수 있는 구간이다.

지방 핵심지로 눈을 돌리면 선택지는 더 넓어진다. 울산 남구 무거동에서는 옥현으뜸마을주공3단지가 4억 9,533만 원으로 지역 페이지에 잡히고, 단지 상세 기준 24평 평균은 3억 3,650만 원이다. 무거롯데캐슬은 상세 기준 4억 6,300만 원이다. 광주 광산구 수완동에서는 수완지구영무예다음2차가 4억 7,800만 원, 수완지구우미린2차가 4억 6,500만 원 수준이다. 즉 지방에서도 '아무 데나'가 아니라 생활권이 이미 완성된 광역시 핵심지라면 3억~5억 원대의 선택지가 충분하다.

수도권 외곽 vs. 지방 핵심지 선택법

원칙은 간단하다. 서울·경기 생활권과 연결된 직장, 결혼, 갈아타기 수요를 노린다면 수도권 외곽이 우선이다. 2026년 전망에서 수도권은 매매·전세 모두 지방보다 강하고, 임대차 상승 압력도 더 큰 것으로 제시된다. 따라서 다음 매수자 풀이 더 두껍고, 전세 수요가 매매 수요로 전환될 가능성도 높다. 파주 운정, 김포 풍무, 평택 비전, 인천 원당 같은 곳이 여기에 해당한다.

반대로 직장이 지방 광역시에 있고, 그 도시 안에서 오래 거주할 가능성이 크다면 지방 핵심지가 맞다. 다만 지방은 '광역시 전체'가 아니라 학군, 상권, 병원, 공원, 브랜드, 지역 내 선호도가 이미 검증된 생활권이어야 한다. 무거동의 무거롯데캐슬은 신복초 통학권, 공원 접근, 2009년식이라는 장점이 있고, 수완지구우미린2차는 866세대 규모에 수완초 355m, 롯데마트·롯데아울렛·공원 접근이 확인된다. 이런 곳은 지방이라도 '지역 내 핵심 수요층'이 분명하다.

제 판단으로는 기본값은 수도권 외곽, 예외적으로 지방 핵심지가 맞다. 이유는 단순하다. 수도권은 출구 전략이 더 두껍고, 지방은 선별을 잘하면 좋지만 틀리면 회복 속도가 훨씬 느릴 가능성이 크기 때문이다. 이는 2026년 시장 전망에서 수도권 강세, 지방 보합·약세 가능성이 함께 제시되는 흐름과도 맞닿아 있다.

전세가율과 수요층을 꼭 함께 봐야 하는 이유

전세가율은 중요하지만, 전세가율만 높다고 좋은 투자처는 아니다. 2026년 전망에서 수도권 전세는 입주 물량 부족과 월세화로 상승 압력이 더 큰 것으로 예상된다. 그런데 이 말은 수도권 핵심 생활권에서는 지금 전세가율이 아주 높지 않아도 전세 상승 여지가 남아 있다는 뜻이기도 하다. 반대로 약한 지역에서 전세가율이 높게 나오는 것은 '수요가 강해서'가 아니라 매매가가 못 오르고 보증금 비중만 커진 결과일 수도 있다.

또한 전세가율이 지나치게 높으면 리스크가 커진다. 최근 보도에서도 전세가율 90%를 넘기면 집값이 조금만 떨어져도 보증금 반환이 어려워질 수 있다고 지적했고, HUG 전세보증의 전세가율 기준을 90%에서 80%로 낮추는 방안이 논의된 바 있다. 결국 3억~5억 원 구간에서는 '전세가율 65~75% 안팎의 안정 구간 + 실수요층이 분명한 지역'이 더 낫고, 80~90%에 가까운 고전세가율 매물은 왜 그렇게 높은지를 먼저 의심해야 한다.

그래서 이 가격대에서는 반드시 누가 전세로 들어오는지를 같이 봐야 한다. 신혼부부, 어린 자녀 가구, 직장인, 학교 배정 수요, 광역버스·철도 이용 수요가 꾸준한 곳이면 전세가율이 다소 낮아도 건강하다. 반대로 단기 임차인만 많은 곳, 산업 단지 단일 업종 의존 지역, 소형 위주의 투자 과열지는 전세가율이 높아도 불안정할 수 있다. 이 부분은 결국 수요의 질을 보라는 뜻이다. 전세가율은 숫자이고, 수요층은 내용이다.

3억~5억 이하 아파트 유망 리스트

아래는 이 가격대에서 실제로 먼저 검토할 만하다고 보는 후보들이다. 수도권 외곽과 지방 핵심지로 나누어 소개한다.

〈수도권 외곽 우선 후보〉

○ 파주 운정센트레빌 — 최근 1개월 평균 4억 3,750만 원, 865세대, 2014년식. 운정 안에서 연식과 규모가 무난하고, 5억 이하 실거주형으로 밸런스가 좋다.

○ 파주 해솔마을5단지삼부르네상스 — 지역 페이지 기준 4억 2,667만 원, 검색 결과 기준 1,390세대, 2010년식. 대단지 체력이 분명하다.

○ 파주 해솔마을4단지벽산우남연리지 ─ 지역 페이지 기준 3억 6,833만 원, 958세대, 2010년식. 3억 후반에서 대단지와 평지형 상품을 함께 볼 수 있다.

○ 파주 산내마을11단지현대아이파크 ─ 지역 페이지 기준 3억 4,000만 원, 596세대, 2002년식. 3호선 운정연장 S3역과 GTX-A 연장 운정역 관련 개발 호재가 반경 1.5km 내로 표시된다.

○ 김포 풍무자이1단지 ─ 최근 1개월 평균 4억 7,150만 원, 445세대, 2010년식. 풍무 생활권에서 5억 이하 실거주형으로 무난한 편이다.

○ 김포 한화유로메트로2단지 ─ 예상 거래가 4억 5,333만 원, 845세대, 2014년식. 풍무동에서 연식과 세대수, 평지형 장점을 같이 갖춘 편이다.

○ 평택 소사벌푸르지오 ─ 최근 1개월 평균 3억 7,000만 원, 566세대, 2019년식. 이 가격에 2019년식이면 상품성이 확실하다.

○ 평택 센트럴해링턴플레이스 ─ 최근 1개월 평균 3억 5,100만 원, 1,058세대, 2012년식. 세대수가 크고 가격 부담이 낮아 실거주·

투자 모두 검토 가능하다.

○ 인천 원당 LG원당자이 — 지역 페이지 기준 3억 6,210만 원
(34평), 검색 결과 기준 938세대, 2004년식. 검단·김포 연장 교통 기
대가 붙어 있다.

○ 인천 원당금호2차 — 최근 1개월 평균 3억 5,300만 원, 269세
대, 2005년식. 규모는 작지만 가격이 낮고 전세 사례도 확인돼 갭
구조를 보기 좋다.

○ 인천 원당이편한세상 — 지역 페이지 기준 3억 1,625만 원,
449세대, 2004년식. 3억 초반~중반대에서 실속형으로 검토할 만
히다.

<지방 핵심지 선별 후보>

○ 울산 무거롯데캐슬 — 최근 1개월 평균 4억 6,300만 원, 272
세대, 2009년식. 신복초 402m, 문수공원 174m로 생활권이 좋다.

○ 울산 옥현으뜸마을주공3단지 — 지역 페이지 기준 4억 9,533
만 원(33평), 단지 상세 24평 기준 최근 평균 3억 3,650만 원, 1,412

세대, 2001년식. 대단지와 초등학교 단지 내 입지가 강점이다.

○ 광주 수완지구 우미린2차 — 최근 1개월 평균 4억 6,500만 원, 866세대, 2008년식. 수완초 355m, 롯데마트·롯데아울렛이 1.2km 내에 있어 지방 핵심지형 실거주 후보다.

○ 광주 수완지구 영무예다음2차 — 최근 1개월 평균 4억 7,800만 원, 236세대, 2012년식. 규모는 작지만 연식이 젊고 수완지구 생활권을 누릴 수 있다.

이 가격대의 핵심 체크 포인트

첫째, 5억 원에 가까울수록 '왜 이 단지여야 하는가'가 분명해야 한다. 5억 원은 이미 서울 하위 20% 평균과 맞닿는 가격이기 때문에, 수도권 외곽이나 지방을 고를 때는 서울 대체재와 비교해도 강점을 설명할 수 있어야 한다.

둘째, 전세가율은 65~75% 안팎의 안정 구간을 선호하되, 수요층이 먼저이다. 직장·학교·교통 수요가 분명한 곳이면 전세가율이 조금 낮아도 괜찮지만, 수요층이 약한데 전세가율만 높으면 위험 신호일 수 있다.

셋째, 500세대 이상 대단지나 지역 대표 단지를 우선 봐야 한다. 3억~5억 구간은 '좋은 집을 사는 것'보다 '다음 사람도 사고 싶어 할 집을 사는 것'이 더 중요하다. 이 구간에서는 환금성이 곧 방어력이다.

넷째, 주차·평지·초등학교·상권을 숫자보다 먼저 봐야 한다. 이 가격대에서는 화려한 호재보다 생활 스트레스가 더 빨리 시세를 흔든다. 특히 3040 실거주자는 출퇴근과 육아, 생활 동선의 불편을 가격만으로 오래 버티기 어렵다.

다섯째, 지방은 반드시 핵심지로만 접근하라. 광역시라고 다 같은 광역시가 아니다. 무거동, 수완동처럼 지역 내 선호도가 이미 형성된 생활권이 아니면, 같은 가격이라도 수도권 외곽보다 출구가 약할 수 있다.

입지와 상품성이 동시에 보이기 시작하는 구간

2억~5억 원대와 다르게 '조금 더 좋은 입지냐, 조금 더 신축이냐'를 선택해야 하는 가격대이다. 그래서 이번에는 수도권 안에서 5억~7억 원대에 실제로 비교 가능한 단지들을 중심으로 추려서 정리했다.

성장형 구간은 정말 중요하다. 입지와 상품성이 동시에 보이기 시작하는 첫 구간이기 때문이다. 서울 하위 20% 평균 아파트값이 2026년 1월 기준 다시 5억 원대에 올라와 있어서, 5억~7억 원대는 서울 저가 외곽과 경쟁할 수도 있지만, 실제 선택지는 대체로 서울 인접 수도권의 괜찮은 대단지·준신축으로 옮겨 가는 구간이라고 보는 편이 현실적이다. 동시에 2026년 전망에서도 수도권 매매·전세가 지방보다 더 강할 가능성이 제시되고 있어, 이 예산은 수도권 진입 전략을 세우기에 가장 실전적인 구간이다.

이 가격대의 특징

5억~7억의 핵심은 '싸게 들어가는 시장'이 아니라 '무엇을 포기하고 무엇을 얻을지 결정하는 시장'이라는 점이다. 이 예산이면 군포 금정동에서는 산본 생활권의 30평대 구축 대장이 보이고, 부천 옥길에서는 서울 경계형 준신축 30평대, 김포 운양에서는 역 접근성이 있는 30평 전후 단지, 남양주 별내에서는 1,000세대 안팎 대단지, 인천 검단에서는 신도시 신축 $84\,m^2$급까지 들어온다. 예를 들어 산본 금정동 삼익소월은 최근 1개월 평균이 6억 6,200만 원, 옥길제일풍경채제이드카운티는 6억 3,000만 원, 한강신도시롯데캐슬은 5억 7,000만 원, 별내푸르지오는 5억 6,800만 원, 검단신도시파라곤보타닉파크는 5억 9,425만 원 수준이다.

즉 이 구간에서는 '구축 대장 $84\,m^2$'와 '준신축·신축 $59{\sim}84\,m^2$'가 같은 예산 안에서 부딪힌다. 2억 원대나 3억 원대처럼 무조건 가격

부터 보는 단계가 아니라, 이제는 역·학군·상권이 완성된 곳의 구축 대장을 살지, 아니면 입지는 한 단계 밀리지만 연식이 좋은 준신축을 살지를 전략적으로 정해야 한다. 이게 5억~7억 원대 구간의 본질이다.

구축 대장 단지 vs. 준신축 비선호 단지

이 구간에서 가장 많이 헷갈리는 질문이 바로 이것이다.

'좋은 입지의 오래된 대표 단지'와 '조금 덜 좋은 입지의 더 젊은 단지' 중 무엇을 살 것인가이다.

구축 대장 단지의 대표 예로는 군포 금정동 삼익소월 같은 유형이 있다. 1993년식 790세대이고 최근 1개월 평균이 6억 6,200만 원이다. 산본역과 수리산역이 각각 도보 약 10분 수준이고, 군포화산초가 단지 내에 붙어 있으며, 뉴코아·이마트·이마트트레이더스 접근도 좋다. 연식은 오래됐지만 생활권·교통·학교·상권이 이미 완성돼 있다는 게 강점이다. 이런 단지는 화려하진 않아도 다음 매수자가 분명한 편이다.

반면 준신축 비선호 단지의 예로는 옥길제일풍경채제이드카운

티나 검단신도시파라곤보타닉파크 같은 유형을 볼 수 있다. 옥길제일풍경채제이드카운티는 2017년식 574세대, 최근 30평 평균 6억 3,000만 원이고, 스타필드시티부천 1.3km, 옥길버들초 201m라는 생활 편의는 좋지만, 가장 가까운 지하철은 7호선 천왕역 2.6km라 철도 직결 체감은 약한 편이다. 검단신도시파라곤보타닉파크는 2022년식 887세대, 최근 평균 5억 9,425만 원이고, 신검단중앙역 도보 12분, 인천한별초 단지 내, 주차 여유라는 장점이 있지만 신도시 특유의 공급·입주 변수를 함께 봐야 한다.

투자와 환금성이 우선이면 구축 대장, 실거주 만족과 관리 스트레스 최소화가 우선이면 준신축이다.

특히 수도권 상승장이 이어질 때는 입지가 좋은 구축 대장이 더 강할 수 있고, 조정장이나 실거주 중심 국면에서는 준신축이 체감 만족도가 높다. 이건 시장 전망상 수도권 수요가 계속 두텁고, 동시에 서울 외곽 대체 수요가 살아 있다는 점과도 맞물린다.

수도권 진입 전략

이 구간에서는 도시 이름보다 출퇴근 축으로 접근해야 한다.

서남축은 부천 옥길, 군포 금정이다. 이 축은 서울 서남권·광명·안양·가산 접근 수요를 기대할 수 있어서, '서울 안은 아니지만 서울에 기대어 움직이는 수요'를 받기 좋다. 옥길센트리뷰는 1,318세대 2017년식이고 23평 최근 평균 5억 7,000만 원, 33평형은 지역 페이지 기준 6억 7,800만 원이며, 스타필드시티부천 509m와 초등학교 단지 내라는 생활 강점이 있다. 금정동 삼익소월은 앞서 말했듯 생활권 완성도가 높다.

서북축은 김포 운양, 인천 검단이다. 김포 운양은 이미 생활권이 어느 정도 갖춰져 있고, 운양역 접근이 명확한 단지가 있다. 한강신도시운양역푸르지오는 2016년식 242세대, 운양역 도보 4분, 최근 33평 기준 5억 7,000만 원이다. 한강신도시롯데캐슬은 2014년식 1,136세대, 운양역 도보 7분, 최근 33평 기준 5억 7,000만 원이다. 검단은 더 신축이고 상품이 좋지만, 공급 일정과 교통 개통 기대를 함께 봐야 한다.

동북축은 남양주 별내이다. 별내푸르지오는 1,100세대 2015년식으로 최근 30평 평균 5억 6,800만 원이고, 별내별가람역까지 도보 18분 수준이다. 지역 페이지 기준 별내우미린스타포레는 6억 4,267만 원, 별내리슈빌은 6억 3,667만 원으로, 5억 후반~6억 중반에서 대단지 생활권을 고를 수 있다. 다만 이 축은 '서울 바로 옆'보다는 가족 실거주형·장기 거주형에 더 가깝다.

　정리하면 출퇴근·환금성 우선이면 부천 옥길·군포 금정, 역 접근과 상품성 균형이면 김포 운양, 신축 선호면 검단, 가족형 대단지 실거주면 별내가 기본 구도이다. 이건 2026년 수도권 강세 전망과도 방향이 같다.

5억~7억 이하 아파트 유망 리스트

　아래는 이 구간에서 실제로 먼저 검토할 만하다고 보는 후보들이다.

　○ 군포 금정동 삼익소월 — 최근 1개월 평균 6억 6,200만 원, 790세대, 1993년식. 산본역·수리산역 도보 10분권, 초등학교 단지 내, 상권 완성. 구축 대장형의 정석이다.

　○ 부천 옥길제일풍경채제이드카운티 — 최근 30평 평균 6억 3,000만 원, 574세대, 2017년식. 초등학교 201m, 스타필드시티부천 1.3km. 실거주형 준신축이다.

　○ 부천 옥길센트리뷰 — 최근 23평 평균 5억 7,000만 원, 1,318

세대, 2017년식. 지역 페이지 기준 33평형은 6억 7,800만 원 수준 이며, 스타필드시티부천 509m, 초등학교 단지 내이다. 서울 서남 권 대체지로 강한 편이다.

○ 부천 LH옥길센트럴힐 — 지역 페이지 기준 5억 9,000만 원. 옥길 내에서는 가격 부담이 낮아 실속형 진입 카드로 볼 수 있다.

○ 김포 한강신도시운양역푸르지오 — 최근 33평 기준 5억 7,000만 원, 242세대, 2016년식. 운양역 도보 4분, 광역버스와 공 원 접근이 강점이다. 역세권 소규모 준신축형이다.

○ 김포 한강신도시롯데캐슬 — 최근 33평 기준 5억 7,000만 원, 1,136세대, 2014년식. 운양역 도보 7분, 평지, 대단지. 실거주와 환 금성의 균형형이다.

○ 남양주 별내푸르지오 — 최근 30평 평균 5억 6,800만 원, 1,100 세대, 2015년식. 대단지와 브랜드, 무난한 가격의 조합이 좋다.

○ 남양주 별내우미린스타포레 — 지역 페이지 기준 6억 4,267 만 원. 별내 6억 원대에서 가족형 실거주 카드로 볼 만하다.

○ 인천 검단신도시파라곤보타닉파크 — 최근 평균 5억 9,425만 원, 887세대, 2022년식. 신검단중앙역 도보 12분, 초등학교 단지 내, 주차 여유. 신축 선호자에게 강한 카드다.

○ 인천 검단신도시예미지트리플에듀 — 지역 페이지 기준 6억 1,500만 원. 검단에서 $84m^2$ 신축 축을 보고 싶다면 함께 비교해야 할 단지다.

이 가격대의 핵심 체크 포인트

첫째, 같은 6억 원 원대 매물이라도 $59m^2$인지 $84m^2$인지 먼저 구분해야 한다.

5억~7억 원 구간은 소형 준신축과 중형 구축이 자꾸 섞여 보이기 때문에, 면적을 안 맞추고 비교하면 판단이 흐려진다.

둘째, 대단지와 환금성을 연식보다 먼저 봐야 한다.

1,000세대 전후 단지는 시장이 흔들려도 비교 대상이 많고, 실거래가 쌓이기 때문에 가격 방어가 상대적으로 쉽다. 옥길센트리뷰 1,318세대, 한강신도시롯데캐슬 1,136세대, 별내푸르지오 1,100세대, 검단파라곤 887세대가 이런 축이다.

셋째, '역세권'이라는 말보다 실제 도보 시간을 체크해야 한다.

운양역푸르지오는 운양역 도보 4분, 한강신도시롯데캐슬은 7분, 삼익소월은 산본역·수리산역 모두 10분권, 검단파라곤은 신검단중앙역 12분 수준이다. 반면 옥길은 생활권은 좋지만 철도 직결 체감은 약한 편이다. 이 차이가 향후 환금성과 체감 만족도를 가른다.

넷째, 구축 대장을 살 때는 주차·관리·지하 주차장 연결 여부를 꼭 확인해야 한다.

삼익소월처럼 입지는 좋아도 연식이 오래된 단지는 실제 생활 스트레스가 발생할 수 있다. 반대로 준신축은 입지 한 단계 밀림을 감수하는 대신 관리와 유지비 체감이 낫다.

다섯째, 신도시는 입주 예정 물량을 같이 봐야 한다.

검단파라곤 주변에는 2026년과 2028년 입주 예정 단지들이 표시돼 있어, 신축끼리의 경쟁이 생길 수 있다. 신도시는 상품이 좋다고 끝이 아니라, 주변 공급까지 포함해서 봐야 한다.

한 줄로 정리하면 5억~7억 원대 구간은 '서울을 포기하는 예산'이 아니라, '서울 인접 수도권에서 제대로 고를 수 있는 첫 예산'이다.

그래서 이 구간에서는 입지가 더 좋은 구축 대장을 살지, 상품성
이 더 좋은 준신축을 살지 먼저 정해야 한다. 그리고 그 답은 결국
내가 실거주 만족을 먼저 볼 것인지, 다음 매수자를 먼저 볼 것인지
에 달려 있다.

04.
예산 7억~10억 이하: 갈아타기 거점형

3040의 갈아타기와 자산 증식이 본격화되는 구간

3040에게 갈아타기와 자산 증식이 본격화되는 가격대이다. 이유는 단순하다. 5억~7억 원대가 '서울 인접 수도권에 제대로 진입하는 첫 구간'이었다면, 7억~10억 원대는 서울 외곽 핵심지의 소형·구축과 경기 핵심지의 84㎡급 준신축·대단지가 정면으로 경쟁하는 구간이기 때문이다. 동시에 2026년 전망에서도 서울과 수도권, 특히 서울 한강벨트와 강남 인접 수도권이 상대적으로 강한 축으로 제시되고 있어, 이 예산대는 단순 실거주를 넘어 다음 1급지로 이동하기 위한 중간 거점을 고르는 시장으로 보는 게 맞다.

이 가격대의 특징

이 가격대의 핵심은 '주소'와 '상품'이 본격적으로 충돌한다는 점이다. 서울 외곽에서는 노원 상계동의 포레나노원이 9억 4,000만 원, 노원센트럴푸르지오가 8억 9,000만 원, 상계동 대림이 9억 2,000만 원 수준이고, 강서 가양동에서는 가양6단지가 9억 9,500만 원, 가양강나루1차현대가 9억 7,500만 원, 한보구암마을이 7억 7,000만 원 수준이다. 은평 응암동에서는 녹번역센트레빌 8억 9,900만 원, 백련산힐스테이트2차 8억 8,167만 원, 응암푸르지오 7억 4,900만 원이 보이다. 즉 서울 안에서는 '더 작은 면적, 더 오래된 연식, 그러나 더 두꺼운 수요층'을 사게 된다.

반대로 경기 핵심지에서는 같은 돈으로 상품이 확 좋아진다 부천 옥길동은 옥길한신더휴 8억 5,000만 원, 옥길호반베르디움 8억 3,000만 원, 부천옥길자이 7억 5,000만 원이 보이고, 김포 운양동은 라피아노 7억 6,000만 원, 하늘빛마을한신너휴테라스12단지 7억 5,000만 원, 한강신도시e편한세상 5억 9,000만 원, 운양역푸르지오 5억 7,000만 원 수준이다.

남양주 별내동은 별내더샵 9억 1,250만 원, 별내쌍용예가 9억 원, 별내역우미린더퍼스트 8억 5,000만 원, 포레나별내 7억 500만 원이 확인된다. 다시 말해 경기 핵심지는 더 넓고, 더 새롭고, 대단지일 가능성이 높다.

그래서 7억~10억 원대는 '무리해서 서울을 살 것인가'가 아니라, 서울 외곽 핵심지의 방어력과 경기 핵심지의 성장성 중 무엇을 먼저 살 것인가를 고르는 구간이다. 이건 단순 취향 문제가 아니라, 다음 단계에서 마포·용산 외곽, 강동, 목동, 분당 상급, 과천 인접 등 1급지로 갈아탈 때 어떤 사다리를 탈 것인가의 문제이다. 이는 서울·수도권 강세와 지방 정체 가능성이 함께 제시되는 2026년 시장 구도와도 맞물린다.

서울 외곽 핵심지 vs. 경기 핵심지 선택법

원칙은 명확하다. 서울 외곽 핵심지는 서울 주소, 두꺼운 실수요, 상대적으로 강한 환금성이 필요할 때 맞다. 다만 그 대가로 면적이 작아지거나 연식이 올라간다. 예를 들어 가양6단지는 최근 1개월 평균이 7억 8,500만 원인데 15평형이다. 상계동 포레나노원은 9억 4,000만 원이지만 24평형이고, 응암동 백련산파크자이는 8억 6,700만 원에 24평형이다. 결국 서울 외곽 핵심지는 '좁아도 서울', '연식이 있어도 서울'을 선택하는 데서 만들어진다.

반대로 경기 핵심지는 같은 돈으로 더 넓고 더 쾌적한 집, 혹은 더 젊은 연식과 대단지를 원할 때 맞다. 옥길한신더휴는 8억 5,000만 원에 38평, 부천옥길자이는 7억 5,000만 원에 35평, 별내더샵은 9억 1,250만 원에 46평, 별내역우미린더퍼스트는 8억 5,000만 원에 44평 수준이다. 광명 하안동 주공12단지는 7억 3,000만 원에 23평으로 면적은 작지만, 서울 접근성과 신안산선 기대가 함께 붙는 타입이다. 즉 경기 핵심지는 서울까지의 시간과 집 자체의 질을 함께 사는 시장이다.

따라서 직장과 생활권이 이미 서울 안에 깊게 묶여 있고, 다음 매수자도 서울 수요여야 한다면 서울 외곽 핵심지가 맞다. 반대로 신혼·가족형 실거주 만족도와 $84m^2$급 상품성, 그리고 1차 갈아타기 수익을 먼저 노리면 경기 핵심지가 더 유리하다. 이 판단은 2026년 서울·수도권의 상대 강세, 그리고 강남 인접 수도권에 수요가 몰릴 것이란 전망과도 일치한다.

향후 1급지로 갈아타기 위한 중간 거점 전략

이 가격대에서 가장 중요한 전략은 '지금의 완성형 집'이 아니라 '다음 단계의 발판이 될 집'을 고르는 것이다. 갈아타기 관점에서는 크게 세 축이 있다.

첫째, 서울 외곽 핵심지 축이다. 상계·가양·응암처럼 서울 안에서 이미 수요가 두터운 곳은 상승 폭이 크지 않아도 하락 방어와 환금성이 강하다. 이런 곳은 자산이 크게 꺾이지 않는 대신, 점프 폭은 제한적일 수 있다.

둘째, 서울 인접 경기 핵심지 축이다. 부천 옥길, 광명 하안, 안양 비산·관양 같은 곳은 서울 수요를 일부 흡수하면서도 집의 상품성이 더 좋다. 예를 들어 안양 비산동은 평촌래미안푸르지오 9억 8,600만 원, 평촌엘프라우드 9억 6,000만 원, 비산e편한세상 8억 8,000만 원이 보이고, 관양동은 한가람삼성 9억 2,500만 원, 관양현대 8억 7,500만 원 수준이다. 이런 곳은 서울 대체수요 + 지역 내 탄탄한 생활권을 동시에 기대할 수 있어, 1급지 갈아타기의 중간 기착지로 좋다.

셋째, 신도시·준신축 성장축이다. 별내, 운양, 옥길처럼 연식과 커뮤니티, 주거 체감이 좋은 곳은 실거주 만족도가 높고 상승 국면에서 가격 재평가를 받기 쉽다. 다만 이런 축은 항상 주변 공급과 교통 체감 속도를 함께 봐야 한다. 예컨대 운양동은 운양역 접근 좋은 단지와 테라스·타운하우스형이 같이 섞여 있고, 별내는 단지별 면적·상품 차이가 크다. 그래서 신도시형 거점을 고를 때는 '새 아파트'가 아니라 대장성 있는 대단지 또는 역 접근성 있는 단지를 우선해야 한다. 이는 제가 가격 데이터와 단지 구성을 보고 내리는 해석이다.

한 줄로 정리하면, 방어력 우선이면 서울 외곽 핵심지, 점프력 우선이면 서울 인접 경기 핵심지, 거주 만족과 성장성을 같이 보려면 준신축 신도시 대장 단지가 맞다. 이 세 가지 중 하나를 정해야 이후 10억 후반~15억 원대 구간으로 갈아타기가 쉬워진다.

7억~10억 원대 이하 아파트 유망 리스트

아래는 이 구간에서 실제로 먼저 검토할 만하다고 보는 후보들이다. 서울 외곽 핵심지와 경기 핵심지로 나누어 소개한다.

〈서울 외곽 핵심지〉

○ 상계동 포레나노원 — 9억 4,000만 원, 24평. 서울 동북권에서 연식과 브랜드를 동시에 확보하는 카드다.

○ 상계동 노원센트럴푸르지오 — 8억 9,000만 원, 24평. 노원 안에서 신축 체감과 서울 주소를 같이 노리는 타입이다.

○ 가양동 가양6단지 — 지역 페이지 기준 9억 9,500만 원, 단지 상세 최근 1개월 평균 7억 8,500만 원, 15평. 작지만 9호선·한강 접근과 서울 서부 수요층이 두텁다.

○ 응암동 녹번역센트레빌 — 8억 9,900만 원, 33평. 은평 안에서 교통·생활권 균형이 좋은 중형 구축 카드다.

○ 응암동 백련산힐스테이트2차 — 8억 8,167만 원, 32평. 지역 내 브랜드·대단지 축으로 비교하기 좋은 단지다.

○ 독산동 금천롯데캐슬골드파크3차 — 9억 8,567만 원, 25평. 서울 서남권에서 신축성·브랜드를 같이 노리는 카드다.

○ 독산동 e편한세상독산더타워 — 7억 9,000만 원, 26평. 서울 주소 안에서 상대적으로 낮은 진입가를 찾는다면 검토할 수 있다.

○ 부천 옥길한신더휴 — 8억 5,000만 원, 38평. 서울 서남권 대체지로 면적과 상품성이 좋다.

○ 부천옥길자이 — 7억 5,000만 원, 35평. 7억 원대 후반에서 가장 무난한 옥길 카드 중 하나이다.

○ 김포 운양동 라피아노 — 최근 1개월 평균 7억 6,000만 원, 32평. 상품성은 좋지만 일반 아파트와는 수요층이 다르므로 선별적으로 봐야 한다.

○ 남양주 별내너샵 — 9억 1,250만 원, 46평. 가족형 실거주와 향후 갈아타기 체력을 같이 보는 카드다.

○ 남양주 별내역우미린더퍼스트 — 8억 5,000만 원, 44평. 역 접근성과 대단지 체력을 같이 볼 수 있다.

○ 광명 하안동 주공12단지 — 7억 3,000만 원, 23평. 서울 접근성이 강하고 신안산선 독산역 개발호재가 반경 1.5km 내로 표시된다.

○ 안양 비산동 평촌래미안푸르지오 — 9억 8,600만 원, 25평. 안양권에서 브랜드·입지 균형이 좋은 카드다.

○ 안양 비산동 평촌엘프라우드 — 9억 6,000만 원, 24평. 구축 대장보다 신축성·브랜드를 중시할 때 비교할 만하다.

○ 안양 관양동 한가람삼성 — 9억 2,500만 원, 32평. 9억 원대 초반에서 면적과 생활권의 균형이 괜찮다.

이 가격대의 핵심 체크 포인트

첫째, 7억 후반~10억 원대는 '서울 입성'과 '경기 $84\,m^2$ 확보'가 정면으로 충돌하는 예산 범위이다. 그래서 처음부터 '나는 서울 주소를 사는가, 아니면 집 자체를 사는가'라는 질문의 답을 정해야 한다. 가격 데이터만 봐도 서울 외곽은 20평대, 경기 핵심은 30~40평대로 바로 갈린다.

둘째, 서울 외곽을 고를 때는 소형이어도 지역 대표 단지인지가 중요하다. 같은 8억~9억 원이라도 서울에서 애매한 비브랜드·소규모 단지보다, 상계·응암·가양처럼 수요층이 두꺼운 생활권의 대표 단지가 낫다. 이건 가격이 아니라 다음 수요의 질 문제이기 때문이다. 이 부분은 그동안 지역별 가격대와 단지 구성을 비교해 내린 경험에서 얻은 판단이다.

셋째, 경기 핵심지는 역 거리와 서울 접근 시간을 반드시 숫자로 확인해야 한다. 경기에서 실패하는 경우는 '좋은 아파트를 샀는데 서울이 너무 멀었다'는 케이스가 많다. 반대로 광명 하안, 안양 비산·관양, 부천 옥길처럼 서울 수요를 일부 받는 곳은 다음 갈아타기 경로가 비교적 선명하다.

넷째, 이 구간부터는 '대출 가능한 집'이 아니라 '다음 15억 구간으로 밀어줄 집'을 골라야 한다. 그래서 단순히 싸거나 넓은 집보다, 지역 내 대장성·브랜드·대단지·역 접근성 중 두세 가지 이상이 겹치는 단지가 유리하다. 이는 2026년 서울·수도권 강세와 양극화 심화 전망을 감안한 해석이다.

다섯째, 서울 외곽과 경기 핵심지의 우열은 절대적이 아니라 '갈아타기 목표'에 따라 달라진다. 마포·용산·성동 같은 서울 1급지를 목표로 하면 서울 외곽 핵심지가 더 자연스러운 경로일 수 있고, 강남 접근 수도권 상급지나 분당·과천 인접을 목표로 하면 안양·광명·부천 같은 경기 핵심지가 더 효율적일 수 있다. 이 역시 제가 현재 가격대와 시장 흐름을 바탕으로 내리는 전략적 해석이다.

따라서 7억~10억 원대는 '지금 살 집'을 사는 구간이 아니라, '다음 1급지로 옮겨갈 수 있는 다리'를 사는 구간이다. 그래서 이 가격대에서는 서울 외곽 핵심지의 방어력과 경기 핵심지의 성장성 중 어느 쪽이 내 인생 계획과 더 맞는지를 먼저 정해야 한다.

3040 부린이 처음 부동산 투자

초판 1쇄 발행 2026년 4월 8일

지은이   김학렬
펴낸이   박영미
펴낸곳   포르체

책임편집   유나
마케팅   정은주 민재영
본문 디자인   엄진욱

출판신고   2020년 7월 20일 제2020-000103호
전화   02-6083-0128
팩스   02 - 6008-0126
이메일   porchetogo@gmail.com
인스타그램   porche_book

ⓒ 김학렬(저작권자와 맺은 특약에 따라 검인을 생략합니다.)
ISBN 979-11-94634-87-4 (03320)

여러분의 소중한 원고를 보내주세요.
porchetogo@gmail.com